歴史文化ライブラリー

382

検証 長篠合戦

平山 優

吉川弘文館

目　次

長篠合戦をめぐる諸問題―プロローグ……1
語られてきた長篠合戦／本書の課題

長篠合戦をめぐる史料

信憑性を認められた史料……14
本章の課題／長篠合戦の基本史料―『信長記』『信長公記』／戦国人の証言―『三河物語』ほか

評価の揺れ動く史料……24
貶められた史料―『甫庵信長記』／『甫庵信長記』が描く長篠合戦／異端視された史料―『甲陽軍鑑』／『甲陽軍鑑』の信憑性と「長閑斎」宛書状／評価定まらぬ史料―『当代記』

織田・武田両氏の鉄炮装備

織田信長と鉄炮……44

意外に少ない史料／信長の鉄炮運用／長篠合戦における鉄炮衆編制／信長は鉄炮をどのように入手したか／織田軍が使用した鉄炮とは？／鉄炮玉材料の原産地

武田氏と鉄炮……76

武田氏は鉄炮を軽視していたか／鉄炮の東国伝播と武田氏／猟師と鉄炮／武田氏の鉄炮運用／武田氏の鉄炮衆編制／武田氏の鉄炮運用の限界／玉薬確保へ奔走／弾丸確保の苦心／唯一自給できた火縄／鉄炮の所有者と銃手の分離／長篠の戦訓をどう読むか／武田氏が使用した鉄炮とは？

武田氏の騎馬衆と両軍の陣城

戦国の騎馬と武田氏……138

東国戦国大名の騎馬衆／戦国日本の馬／中世日本馬の能力／馬の調教と管理／武田領国と馬産／戦国合戦と騎馬戦法

陣城と馬防柵……166

陣城の規模はどれほどか／長篠古戦場に残る陣城遺構の評価／織田・徳川軍の馬防柵／馬防柵の材料はどこで調達されたか／馬防柵構築に関する唯一の文書／柵の規模と付属構築物／武田軍の馬防柵対策とは

長篠合戦を戦った軍勢

戦国の軍隊と合戦……188

信長・家康の軍隊と勝頼の軍隊／織田・徳川氏の軍役／戦国の軍事訓練／鉄炮競合と矢軍／打物戦への移行

武田軍における高名と名誉……215

武田軍は無謀な突撃を繰り返したのか／「場中」と「場中の高名」／「大剛」「強者次第」「鑓下の高名」／武田軍将兵の高名と名誉意識

長篠合戦像の空白は埋められるか―エピローグ……229

史料の欠如という壁／長篠合戦の詳細をどう復元すべきか／明暗の分水嶺とは何か

あとがき

参考文献

長篠合戦をめぐる諸問題——プロローグ

語られてきた長篠合戦

長篠合戦は、天正三年（一五七五）五月二十一日、三河国長篠の設楽ケ原《したらがはら》（当時は有海原《あるみはら》）で、織田信長・徳川家康連合軍が武田勝頼の軍勢を撃破したもので、その勝因は織田軍が装備した鉄炮三〇〇〇挺であったこと、またその射撃法が三段撃ちであったことはつとに知られている。その模様は『長篠合戦図屛風』とあわせて紹介されることが多い。織田・徳川軍の馬防柵と鉄炮衆の射撃場面、打ち倒される武田軍将兵たちの対比は、戦国史を転回させ、鉄炮の集団運用に道を開いた画期的事件を印象づけるものであり、中学校や高等学校の歴史教科書や参考書でも必ず取り上げられ、授業で習ったことを記憶されておられる方も少なくないだろう。

ちなみに、高校教育で長篠合戦をどのように教えるべきかについて、教授資料に要点が記されている。それは大方の長篠合戦のイメージを知る上で重要なので、合戦の概略紹介も兼ねて記述しておきたい。以下は、いずれも高校歴史教科書の図版『長篠合戦図屏風』の掲載理由と教授ポイントを述べたものである。

最初に一九八〇年代までの長篠合戦像を見ておこう。『詳説日本史改訂版　教授資料』（山川出版社、一九八六年）収録の「鉄砲隊の活躍（長篠合戦図屏風）」の解説には次のように記されている。

> 一五七五（天正三）年五月武田勝頼は徳川家康の臣・奥平信昌の守る三河長篠城を攻撃した。急をきいた家康は信長の援軍を乞うて、救援に向かった。この図は五月二十一日早朝、設楽原における両軍激突の屏風絵である。この図は六面のうちほぼ中央の部分であるが、これより右方には長篠城があり、これを武田軍がとり囲んでいる図が描かれている。武田軍は伝統の騎馬武者を先に立て一斉に総攻撃を行ったが、連吾川をへだてて守る織田・徳川軍は馬防柵を千鳥形にかまえてその行動を封じ、三〇〇〇挺の鉄砲をもって迎撃した。図にはみえないが左方で大将の信長・家康が指揮している。武田勝頼も図にみえないが、右方に陣をとっている。この屏風は合戦に勝った徳

川氏が永久に記念すべく絵に残したものである

続いて、従来の長篠合戦像に対する疑問が提起され、華々しい論争が展開された後の二〇〇〇年代に作成された教授資料では、以下のように記述されている（『高等学校日本史B改訂版　指導と研究』清水書院、二〇〇八年）。

長篠合戦は、戦国最強といわれた武田の騎馬軍団（信玄は一五七三年没、この時は武田勝頼）を、最新の鉄砲足軽集団を用いた織田・徳川連合軍が破った画期的な戦いであった。長篠は三河国設楽郡（愛知県）にあり、甲斐・信濃を領有する武田氏が東海道に出て上洛する上での重要ポイントであった。この「長篠合戦図屏風」は、六曲一双。一五七五（天正三）年五月二十一日の早朝、設楽原に激突する両軍の様子を、『甲陽軍鑑』など後代の書籍に拠りながら、再現して見せたものである。信長方三万、家康軍八千、これに対する武田方は一万五千といわれる。信長方は中央を流れる連子川（ママ）の西に空堀を掘り、馬止めの柵を幾重にも構え、そこに三千挺の鉄砲を配備した。写真上部中央の二人が最前線の鉄砲隊の指揮官佐々成政と前田利家（加賀藩の祖）で、家康や信長の本陣はもっと左奥である。この時の三千挺の鉄砲は、千挺宛三回に分けて交替で発射されたともいわれるが、近年では当時の有効射程距離一〇〇メートル、玉込めの時間が熟練者で一五秒で一発発射されると計算して、足軽三人一組にして、三挺宛持たせ、各組がその三挺を使い廻したと考えられている。さしもの武田騎馬軍団も、鉄砲の一斉射撃の前にはほとんど壊滅状態となった。写真右の武田方の部分は一部しかみえないが、旗差物を横にして倒れ込んでいる様子がわかるであろう。無事に甲斐に戻れたものは、僅かに三千人ともいわれる。

長篠合戦をめぐる議論を意識してか、いわゆる「三段撃ち」に関する部分は微妙な筆致になっており、また連合軍の陣城構築に触れる記述が追加されている。ただ戦場に投入された鉄炮数を三〇〇〇挺としている点は通説を踏襲していることがわかる。

それにしても、右の教授資料は、二〇〇〇年代になってもなお長篠合戦像は通説的理解が鞏固《きようこ》であることを示している。

本書の課題

拙著『長篠合戦と武田勝頼』（吉川弘文館、二〇一四年）でも指摘したことだが、通説的な長篠合戦像は、参謀本部編『日本戦史・長篠役』（一九〇三年刊）を嚆矢《こうし》とし、これを踏まえつつ本格的な歴史叙述として発表された『大日本戦史』第三巻（三教書院、一九三八年）の渡邊世祐「長篠の戦」（後に「鉄炮利用の新戦術と長篠戦争」と改題し、同著『国史論叢』文雅堂書店、一九五六年に収録）によってほぼ形成された。やがて、この合戦の意義を「鉄砲の組織的活用の画期がこの戦いであった。信長は鉄砲隊を三段に重ねて、第一列の兵は射撃のあと後ろにさがり、第二列、第三列が撃つ間に弾を込めるというように、連続的に火縄銃を使用する戦法をあみだした。この戦法の大成功により、武田氏に代表される騎馬中心の戦法から鉄砲主体の戦法へと戦の主流が移った」(『国史大辞典』山本博文氏執筆)と定義する学説が主流となった。すなわち、長篠合戦は戦術革命、軍事革命の画期的事件と評価され、新戦法＝織田信長、旧戦法＝武田勝頼という図式が一般化される契機となった。

こうした通説は、一九九〇年代以降、藤本正行・藤井尚夫・鈴木眞哉・太向義明諸氏の研究により厳しく批判されるに至った。そこで議論の俎上に上ったのは、①長篠合戦に織田信長が投入した鉄炮三〇〇〇挺は事実か、②さらに鉄炮三〇〇〇挺の三段撃ちはあったのか(織田信長の天才的才能による、この戦法の発明を契機に軍事革命、戦術革命が起きたというのは事実か)、③武田勝頼の軍勢に騎馬隊は本当に存在したのか、④武田勝頼の作戦は無謀で、自殺行為ともいえる突撃が繰り返されたがそれはなぜか、⑤武田勝頼は、味方の不利を説き、諫める家臣達を振り切って決戦を決断したというのは事実か否か、⑥織田信長の装備した鉄炮とはどのように集められたか、⑦武田氏は信玄以来鉄炮導入には消極的というよりも、むしろその有効性を軽視しており、これが長篠敗戦に繋がったというのは事実か、⑧長篠古戦場には両軍の陣城跡が歴然としており、これが鉄炮と並んで合戦の帰趨に影響を与えたのではないか、⑨馬防柵は、織田信長が緻密な計画を立案し建設したとされるが事実か、など多岐に及ぶ。このほかにも、長篠合戦が行われた場所の地名は「設楽原」か「有海原」か、また長篠城を脱出し、その危機を信長と家康に報じた奥平家臣鳥《とり》居《い》強《すね》右《え》衛門《もん》尉の磔図の図柄は逆磔か否かなども議論された。この二点は、まず決戦場の当時の名称は「有海原」であること、また鳥居の磔図は逆磔ではなく通常のものであることで決着を見ているが、その他は殆ど明確になっていない。このうち、拙著『長篠合戦と武田勝頼』において、①〜④について検討を加え、通説、新説ともに批判を加えた。だが⑤〜⑨に関わる分析は紙幅の関係から充分に行うことは出来なかった。本書の課題群は、これらの検討に他ならない。

それでは、なぜこれほどまでに通説は多岐にわたる批判を蒙ることになったのであろうか。そして、批判は何に依拠して始まったのだろうか。

戦国史研究において、すべての分野で通説への再検討が始まったのは一九九〇年代のことである。東西冷戦の終焉は、マルクス主義の崩壊を印象づけ、戦後歴史学を規定しつづけたグランドセオリーやあらゆる権威に対する懐疑の精神の台頭を招来した。こうした歴史の見直しの過程で、藤本正行氏らの通説批判はより一層勢いを得ていったといえる（藤本氏が昭和五〇年〈一九七五〉以来長篠合戦の通説に疑問を持ち、それに対する批判論文を公表していた慧眼は特筆されるべきである）。

批判の対象として集中攻撃を浴びたのは参謀本部編『日本戦史・長篠役』だが、そもそもその核となったのが、小瀬甫庵《おぜほあん》著『甫庵信長記』や小幡景憲《おばたかげのり》編『甲陽軍鑑』（以下『軍鑑』と略記）などの記述にあった。このため、通説の批判者たちは、長篠合戦像の根拠とされた諸史料の批判から出発したのである。その結果、『甫庵信長記』『軍鑑』は排除され、最も信頼できる史料として太田牛一《おおたぎゅういち》著『信長記』（『信長公記』）のみがクローズアップされることとなった。そして『信長記』をもとに、少ないながらも当事者である織田信長、武田勝頼らの文書などを根拠に通説批判が重ねられ、長篠合戦像は書き換えられていったのである。

だが、果たしてこうした史料批判は有効なのであろうか。初めに行われねばならないのは、長篠合戦を記録した諸史料群の再検証である。これを行うことで、これらの史料の用い方が見直され、長篠合戦像の再検証に道が拓けるかも知れない。

次に課題となるのは、織田氏と武田氏それぞれの鉄炮政策と鉄炮衆の編制をめぐる問題である。従来、信長は鉄炮の導入に積極的であり、近江国国友村や和泉国堺の直轄化による大量の国産、輸入を同時に実現したといわれ、歴史教科書や参考書などでも取り上げられてきた。しかし意外なことに、それを明確化した専論は存在しない。また武田氏が鉄炮を軽視したことが長篠敗戦の背景だというのが通説化しているが、これも検証されたわけではない。このことは信長＝軍事革命、勝頼＝旧戦法という図式の根本に関わる問題とい え、検討が必要である。近年進展著しい東アジア貿易と鉄炮に関する諸研究をもとに見直しが求められているといえるだろう。

続いて、武田氏の騎馬衆問題であるが、その実在と集団運用については前掲拙著で強調した通りである。しかし、戦国の馬が合戦場で本当に活躍出来たかどうかという異論に関して多く触れることが出来なかった。戦国合戦において、騎馬の役割を低く捉える見解の根拠として、日本馬の体高（アラブ種に比較して小さく力が弱いこと）や、当時の日本には馬の去勢という技術が存在しなかったため、気性が荒く集団での運用は不可能という理由などがあげられている。これは果たして事実といえるであろうか。また、武田氏は騎馬衆で著名であるが、そもそも戦国期の武田領国で、馬産は果たして盛んであったのかということもこれまで一切検討されていない。武田氏の騎馬衆問題については、編制の根幹に関わるこうした諸問題の検討を避けて通ることは出来ないであろう。

この他に、織田・徳川氏と武田氏の対比に関する諸問題も重要である。まず織田・徳川軍が兵農分離の軍隊、武田軍は兵農未分離の軍隊とよく指摘される。また軍勢の内部編制に関わる課題も残されている。このことは騎馬衆、鉄炮衆の編制とも密接に関わることであるが、近年盛んとなりつつある戦国大名の軍隊研究の成果をもとに検証することが不可欠であろう。

さらに両軍の戦術に関する問題にも触れておかねばなるまい。それも信長＝先見性に富む軍事的天才、勝頼＝保守的な愚者という図式に関わるからである。具体的には、長篠古戦場に残るとされる陣城跡と、信長が構築を命じた馬防柵の問題である。長篠古戦場には両軍の陣城跡が歴然としており、これが鉄炮と並んで合戦の帰趨に影響を与えたのではないかという説が提起され、極めて大きな影響力を持っている。加えて馬防柵の構築が信長の天才性を強調する論拠とされている。つまり信長は、緻密な計画を立案し武田軍に備え、見事にこれを撃破したというわけである。果たしてそれは事実なのであろうか。

こうした実に多様で困難な課題群が残されたままである。本書ではこれらの検証を通じて、長篠合戦像の再構築を試みたいと思う。

なお、本文中の史料出典略記号は以下の通りとした。

『朝倉氏五代の発給文書』→『朝倉』＋文書番号
『愛知県史』資料編11織豊1→『愛知』⑪＋文書番号
『牛久市史料』中世Ⅰ→『牛久』①＋文書番号
『岐阜県史』古代・中世史料編→『岐阜』＋巻数＋頁数
『静岡県史』資料編八中世四→『静岡』⑧＋文書番号
『信濃史料』→『信』＋巻数＋頁数
『上越市史』別編1上杉氏文書集1→『上越』①＋文書番号
『新訂徳川家康文書の研究』上巻→『家康』＋頁数
『新編岡崎市史』通史編→『岡崎』通史
『新編岡崎市史』古代中世6→『岡崎』⑥＋頁数
『新編甲州古文書』→甲州＋巻数＋文書番号
『戦国遺文今川氏編』→『戦今』＋文書番号
『戦国遺文後北条氏編』→『戦北』＋文書番号
『戦国遺文武田氏編』→『戦武』＋文書番号
『戦国遺文武田氏編』補遺（『武田氏研究』四五号）→『戦武補遺』＋文書番号

『戦国遺文六角氏編』→『戦六』＋文書番号
『増訂織田信長文書の研究』→『信長』＋文書番号
『増訂織田信長文書の研究』補遺→『信長補遺』＋文書番号
『山梨県史』資料編4中世1県内文書→山梨④＋文書番号
『山梨県史』資料編5中世2県外文書→山梨⑤＋文書番号
『山梨県史』資料編6中世3上県内記録→山梨⑥上＋頁数
『山梨県史』資料編6中世3下県外記録→山梨⑥下＋頁数
『山梨県史』資料編8近世1領主→山梨⑧＋文書番号
『甲陽軍鑑』→『軍鑑』、『武徳編年集成』→『集成』、『朝野旧聞裒藁』→『朝野』、『寛永諸家系図伝』→『寛永伝』、『寛政重修諸家譜』→『寛政譜』

長篠合戦をめぐる史料

信憑性を認められた史料

本章の課題

プロローグにおいて、長篠合戦像の通説批判は、根拠とされる諸史料の批判を軸に展開されてきたことを述べた。しかしながら、研究が活発になった一九九〇年代は、歴史学研究だけでなく、国文学の分野でも軍記物研究の革新が始まっており、『甫庵信長記』『軍鑑』などの軍記物について、その成立や言語研究などが進められ、歴史学での史料評価に対して疑問が提示されるに至った。このことは、長篠合戦を始め、戦国合戦史を論じる際に、依拠すべき史料に対する認識や態度を再考しなければならない時期に来ていることを示している。

本書も、長篠合戦について、耳目をひくような新史料が発見されているわけではない現状に鑑みれば、『信長記』『甫庵信長記』『軍鑑』などを利用しなければならない状況にあるのは、先学と変わるところがない。だが、こうした諸史料に対する研究状況を認識した上で、どのように使用するかをまず明らかにしなければならないだろう。

拙著『長篠合戦と武田勝頼』でも述べたように、長篠合戦像については実に様々な論点が提示され、議論されてきた経緯がある。その背景にはいくつかの潮流があり、まず長篠合戦像の基盤となっていた諸史料群の検証という研究動向がある。それは詰まるところ、長篠合戦像は内容が確実な史料をもとに構築すべきであって、疑わしいものに依拠してはならないというものだ。歴史学としてはきわめてまっとうな考え方であり、それを踏まえて依拠すべきは太田牛一著『信長記』のみであり、それに続く大久保忠教《おおくぼただたか》（彦左衛門尉）『三河物語』などを基本史料とすべきだとの主張がなされ、大方の同意を得ている。ところで通説として語られてきた長篠合戦像は、ねじ曲げられたもので、それは小瀬甫庵『甫庵信長記』によって始まり、さらに『軍鑑』がこれに寄与したと見なされてきた。また注意が必要ではあるが、参考史料として『当代記』『松平記』などは有効であるとも指摘される。しかしながら、軍記物研究の革新を踏まえて、冷静にこれらの史料的価値を再考する必要があろう。本書で繰り返し利用される諸史料を、なぜ論拠としうるのか。その理由の解説の意味を含めて以下述べていきたい。

長篠合戦の基本史料―『信長記』『信長公記』

まず今日、大方の研究者が長篠合戦の基本史料と認定しているのは、織田信長の家臣太田《おおた》和泉守《いずみのかみ》牛一《ぎゅういち》（大永七年〈一五二七〉～慶長十八年〈一六一三〉）が著した、いわゆる『信長公記』『信長記』であろう（以下の記述は、特に断らない限り金子拓『織田信長という歴史―『信長記』の彼方へ―』勉誠出版、二〇〇九年による）。本書は、実は正式な書名が定かでなく、伝本によっては『原本信長記』『織田記』『安土日記』『安土記』『太田和泉守日記』『惣見記』など多様の表題で呼称されている。その内容は、永禄十一年（一五六八）に織田信長が足利義昭を奉じて上洛を果たした事件を起点に、天正十年（一五八二）六月、彼がその生涯を終えた本能寺の変を終点とする一五年間に及ぶ事績を、一年一巻（一帖）を原則に詳細に記録したものである。全一五巻（一五帖）で構成され、信長上洛以前の事績を簡潔にまとめた首巻がつき全一六巻とする伝本もある。現在の研究では、首巻は『信長記』成立以前に成立していた可能性が高く、「信長御入洛無以前の双紙」という独立の短編として編まれたという学説が強い。

太田牛一は、自らが折々の「日記」（覚書、記録）として書きためていた信長の事績に関するメモを手掛かりに、『信長記』を完成させたという。この作成方法が、一種のカードシステム的な編集方法とされる所以《ゆえん》である。つまり、バラバラに記述された出来事の記事の断片を、同じ年ごとに集め、その上で日付ごとに並べ直すという方法により、編年体の叙述の前提となる基本情報を集成し、これをもとに編年体を原則とする歴史叙述を完成させた。いっぽうで、編年体の形態をとりつつも、事件や主要な出来事については日付にはとらわれずに、あえてわかりやすさを優先しまとめて叙述するという形態をとっているところもある。

このため、『信長記』の信憑性については、谷口克広氏らが公家の日記や古文書などから、日付ごとに記される出来事に関する裏づけを取り、極めて正確であることを実証し、歴史史料としての信頼性は高いと論じている。とりわけ、天正三年（一五七五）（八巻）以後、記述の精度は高くなり、ほぼ完璧に近づいていると評価されている。これは太田牛一が、信長の天下を強く意識するようになったことと密接に関連するといわれ、これを記録せんがため、もともと「日記」として残していた覚書を、より精緻にしていったのではないかと推定されている（谷口克広「太田牛一著『信長記』の信憑性について—日付けの考証を中心として—」『日本歴史』三八九号、一九八〇年）。

しかしながら太田牛一は、完璧を期した決定稿を遂に残さなかった。牛一は、生涯にわたって内容の推敲、改訂を繰り返し複数の改稿本を作成した。これをもとにいくつもの自筆本を作成して献呈したりしたらしく、それらが相次いで転写され、各地に残された。このことが、『信長記』の成稿・改稿・転写に関する系統本研究を複雑、困難にしているといえる。現存する自筆本一五巻本は、池田家本（岡山藩池田家に献呈されたもの）と京都建《けん》勲神社《くんじんじゃ》本（もと大和国芝村藩織田家が所蔵していたと推定されるもの）がある。このうち、前者は『信長記』、後者とその系統を引く写本（陽明文庫本）は『信長公記』と呼称されている。このうち、活字化されて刊行され、誰もが手軽に閲覧することが出来るのは陽明文庫本『信長公記』（角川文庫）である（本書では『信長記』という呼称で統一する）。

なお、現存する『信長記』は写本はもちろんのこと、稿本や自筆本にも相互を比較すると内容に異同がある。牛一は、稿本を一字一句誤らぬよう、正確に転記し浄書本を完成させるのではなく、自らの著作を諳《そら》んじるほどであったということもあり、稿本を手元に置きつつも、一気に筆を走らせて別本を仕上げていったのではないかと推定されている。このことが、記事の内容の大枠はさほど変わらないが、語句、表記、文体などに微妙な相違が生じる背景であったといわれる。自筆本にも、ところどころ訂正や推敲の痕跡があるが、これはほぼ牛一自身のものであり、このような作業が必要であったのは、彼の別本作成の作業工程に秘密があったといえるだろう。

『信長記』に関して注意したいのは、太田牛一の執筆方針と、それを可能にしたネットワーク（情報源）の問題である。牛一は、慶長十五年（一六一〇）二月二十五日、八四歳の時に記した池田家本『信長記』奥書識語に、「（この本は）私がその都度日記のついでに書き記していたものが自ずと集まった結果なのである。これらは決して創作ではない。直に見聞きした出来事は除かず記し、なかったことをつけ加えたりしていない。もしわずかでも虚説を書こうものなら、天道の怒りを買うことになるだろう」と明記している。ここで注意すべきは、内容は直に見聞きした出来事だという部分である。だが信長存命中、牛一がつねに側について回っていたわけではない。従って、彼が直接見聞きする機会のなかった出来事も多く、それらについて牛一は、当然その詳細を書く手掛かりがなかったはずであり、正確な記録を期していた彼にとって、この空白は是が非でも埋めなければならぬ課題であった。そのためには、当然複数の他者からの情報提供が不可欠となる。それを可能としたのが、牛一と織田遺臣間のネットワークであろう。実は、それを窺わせる文書が存在する。

それは、美濃国松倉城の坪内利定《つぼうちとしさだ》に宛てた太田牛一の書状である（「坪内文書」『岐阜』④一四八頁）。これは、晩年の牛一と利定（慶長十五年〈一六一〇〉歿）の親交を物語るものであるが、この中に「さて貴方の息子たち四人のことを、関ヶ原御合戦双紙に書き入れておきました。この双紙をさっそく貴方に差し上げようと思っていたのですが、写させて欲しいという人がいまして、貸し出してしまっており、今はそれが出来ません」と記されている。ここにみえる「関ヶ原御合戦双紙」とは「内府公軍記」「太田和泉守記」と呼称される著作のことで、徳川家康自身の閲読を受けたと伝わるものである。この著作のうち、慶長十二年までの記事が増補された蓬左《ほうさぶんこ》文庫本「太田和泉守記」には、確かに関ヶ原合戦で奮戦した武士達の中に「坪内喜太郎子共四人宗兵衛・可兵衛・佐左衛門・太郎兵衛」が書き加えられているという（金子氏前掲著書）。これは関ヶ原合戦に関するものであるが、同じ尾張国出身で織田遺臣という間柄であった牛一と利定の、彼らの経験や見聞について情報交換がなされていたことをよく示している。『信長記』の成立には、記録に残されていないが、こうした同僚達の証言が大きく寄与しているとみてよかろう。

このように、『信長記』の信憑性が高く評価されている事情もあり、長篠合戦の経過は基本的な内容は同書にほぼ依拠せざるをえない状況になっている。

戦国人の証言―『三河物語』ほか

武田勝頼との抗争を経験した人物が残した記録として、大久保忠教（永禄三年〈一五六〇〉〜寛永十六年〈一六三九〉）の著書『三河物語』は著名である。全三巻で構成され、松平氏の草創期から徳川家康の生涯の歴史を始め、大久保家が果たした功績や子孫への教訓などが記録されている。同書のおおよそは、元和八年（一六二二）に成立したが、最終的に完成したのは、寛永二、三年頃と推定されている。ただし、忠教自身は長篠合戦には参戦しておらず、徳川軍の一武将として従軍するのは、天正四年（一五七六）の遠江国犬居城攻防戦からである。従って、忠教は長篠合戦を実見してはいない。ただ、兄の大久保忠世《ただよ》・忠佐《ただすけ》は、長篠合戦で抜群の戦功を挙げているので、間違いなく彼らや大久保氏の家来、また徳川家臣達から戦況を聞く機会があったことであろう。記録の信頼性が高く評価される所以である。同書は、子孫への教訓と大久保家を始めとする徳川譜代の輝かしい戦歴を伝えるために記された私的なものであり、そうであるがゆえに忠教は「門外不出」と子孫を固く誡めた。ただし、起草後まもない時期に若干の書写が行われた形跡があり、近世初期の古写本がいくつか作成されているが、これは大久保一族に広まったものと推定されている。

そのため、近世のある時期までは世間に知られることはなかった。だが、江戸幕府内部ではやがて『三河物語』は戦国の貴重な記録として知られるところとなり、『朝野旧聞裒藁《ちょうやきゅうぶんほうこう》』などの編纂物の基礎史料として利用されることとなった。しかし、その頃には、戦国合戦を知る人間は死に絶えており、忠教の記した信長と家康や、徳川家臣達の合戦譚が、程度の差こそあれ、後で見るように、太田牛一・小瀬甫庵・小幡景憲らのように、従軍経験を持つ戦国人からの批判にさらされることはなかったのである。

大久保忠教の記述は、文書や諸記録と合わせてみると、概ね信頼性が高いが、武田信玄・勝頼と織田・徳川氏の抗争については、事件や合戦の年代に若干の誤りや混乱が認められる。しかしそれを除けば、ほぼ事実を語っているとみてよかろう。本書でも、『三河物語』は基本史料として、他の史料と突き合わせを行いながら利用することとする。

なおこの他に、『松平記』（全六巻、編著者不詳）も重要な史料として利用する。本書は、天文四年（一五三五）の森山崩れから、天正七年（一五七九）に徳川家康の嫡男信康《のぶやす》が殺害されるまでの諸事件を、列記したものである。これらの記事については、他の文書などで裏づけられるものが多く、詳細が明らかでない事件についても、数少ない史料と一致する記述が含まれており（一例を掲げれば、天正三年の水野信元《みずののぶもと》誅殺事件など）、また徳川氏を美化する記述がほとんど見られないこともその特徴である。成立は寛永期（一六二四〜四四）ごろと推定されている。

以上のように、太田牛一・大久保忠教らの著作が、信憑性が高いと認定されている理由は、①彼らが信長・家康とともに合戦に参加した戦国人であり、②さらに、太田は自らの見聞と手控えの蓄積、同僚たちの証言に、また大久保も同じく自らの見聞と記憶、大久保家中や同僚たちからの証言に依拠し、③かつてあった出来事を記録しようとした、ということであろう。それらは、歴史事象を後世になって事後的に記述したものではあるが、如上の理由から準同時代史料として認定されているわけである。

評価の揺れ動く史料

貶められた史料
—『甫庵信長記』

太田牛一『信長記』に対し、成立直後には戦国の生き残りから酷評され、また現在では歴史学者から手ひどく批判されている記録に、小瀬《おぜ》甫庵《ほあん》（永禄七年〈一五六四〉〜寛永十七年〈一六四〇〉）が著した『甫庵信長記』がある（正式の書名は『信長記』であるが、太田牛一の著作と区別するためにこのように呼称する）。同書は、太田牛一『信長記』をもとに、甫庵が様々なアレンジを施して完成させた軍記物で、牛一の著作と同じく全一五巻で内容は永禄十一年から天正十年（一五八二）までである。

その初版は通説では、元和八年（一六二二）刊とされ、甫庵存命中に少なくとも四回の版が重ねられ、そのたびに改訂が施された。そして寛永元年（一六二四）製版が決定版となり、世間に流布した。現在、活字化され手軽に閲覧が可能な『信長記』（古典文庫、現代思潮社）も寛永元年版による。

ところが近年『甫庵信長記』の研究は著しく進み、同書は古活字版と製版の二種類の刊本があり、しかも初版は慶長十六、七年（一六一一、一二）の刊行であることが明らかとなった（位田絵美「甫庵本『信長記』諸版考―元和寛永古活字版をめぐって―」『東海近世』五号、一九九二年、柳沢昌紀「甫庵『信長記』初刊年再考」『近世文藝』八六号、二〇〇七年）。特に、早稲田大学図書館所蔵の『信長記』（『甫庵信長記』）片仮名活字本は、第八冊後表紙見返しに、「小瀬甫庵道喜慶長十七年五月吉日　奉納　白山□□□□」という甫庵自身の奉納識語（図1）が明記されていることが発見、紹介され、同書が慶長十六、七年に刊行されたことが確実となった。これは何

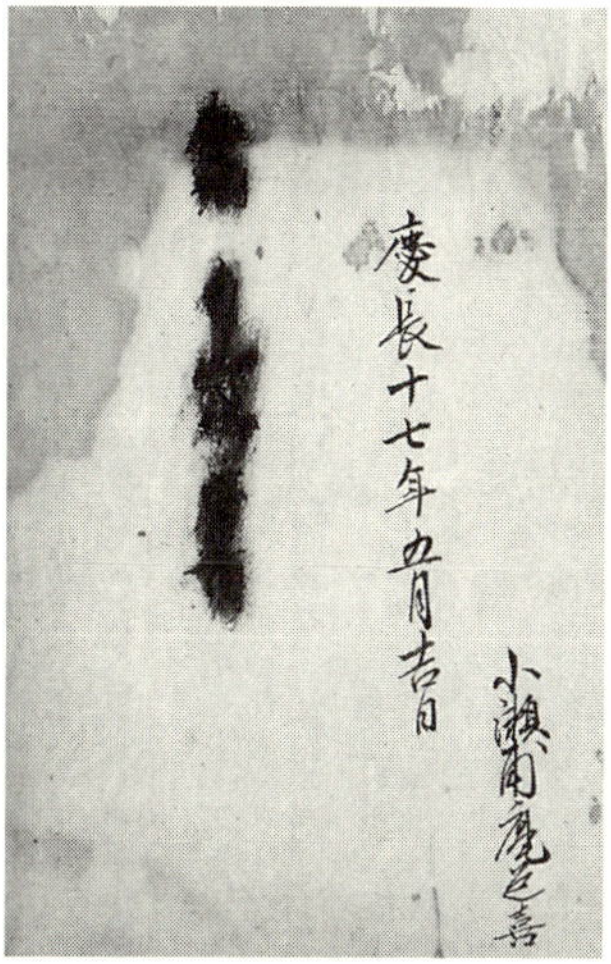

図1　『甫庵信長記』奥書
（早稲田大学図書館所蔵）

と、『信長記』の著者太田牛一の生前のことであり、牛一が『甫庵信長記』を閲読した可能性があることになる。また実際の戦場に参加していた人々も、これを手に取り読む機会が多かったわけである。

しかも、改訂版を初版と比較検討すると、合戦に参加した当事者や縁者、事情をよく知る周辺の人々などからのクレームに対応するためや、甫庵自身が池田家への出仕を目指して、池田氏が活躍する記述を増補するなど、様々な事情を背景に改訂版が作成されたことが明らかとなった。この傾向はとりわけ古活字版に顕著で、これは一つひとつの本を活字の組み合わせで作成する当時の印刷法を利用し、受け取る相手に合わせてか、読んで欲しいと思う相手に合わせた本文改訂が行われたことを示しているという（柳沢昌紀「甫庵『信長記』古活字版の本文改訂―片仮名第六種本を中心に―」『軍記と語り物』四四号、二〇〇八年、同「信長公記と信長記、太閤記」堀新編・二〇〇九年所収）。しかし甫庵は、加賀前田藩に出仕した寛永元年（一六二四）に、流布本となる寛永元年版を出版するが、そこでは出仕が叶わなかった池田氏の記述などをもとに戻している。この事実からも本文の改訂には、出仕や相手への配慮という多分に私情を交えた方向性と、逆に私情を捨てて記述しようとする方向性の二つが混在していることが窺われる。

そのため『甫庵信長記』は、当時から数多くの批判にさらされた。最も有名な批判は、徳川家康の家臣大久保忠教が、自著『三河物語』で展開したものであろう。大久保忠教は、「『信長記』(『甫庵信長記』)をみると、偽りが多い。三分の一は本当だが、三分の一は似たようなことがあった程度で、三分の一はまったくのでたらめだ」と記し、その内容の杜撰さを口を極めて痛罵している。また、『甫庵信長記』ではなく、彼が寛永元年(一六二四)に刊行した『太閤記』についても、自身の戦いぶりを書かれた加賀前田藩士笠間儀兵衛が、事実と違うと抗議していた。もちろん、『甫庵信長記』にせよ『太閤記』にせよ、この中の記事を父祖の戦功証明にしようとした逆の事実もある。このように、甫庵の著作は、刊行当時から毀誉褒貶にさらされていたといってよい。

ところが小瀬甫庵自身は、『甫庵信長記』執筆の動機について、太田牛一著『信長記』を名指しし、「その記述から漏れてしまったものがないわけではない。私はこの本をもとにしつつ、一方では公の善が広く備わらぬことを嘆き、また一方では功績があるにもかかわらず『信長記』が書き漏らした人たちの無念さはいかばかりかと思い、筆を執った」と記している。また『太閤記』凡例でも、「彼の太田和泉守という人は、素性が愚直な人であったから、初めに聞いた話を本当だと思い、現場に居合わせた人がその話は虚説だと言ってても信用しなかったという」とある。このことは、『信長記』を始めとする太田牛一の著作群も、実は同時代の人々から甫庵の著作と同じように批判にさらされていたことを示唆する。

実際に、金子拓氏が紹介した江戸幕府旗本川口氏の老臣の聞書（「川口氏先祖書系図」）に、川口氏の先祖宗定・宗吉・宗勝は織田信長に仕え、宗吉の妻は信長の伯母という織田一族であるにもかかわらず、太田牛一の『信長記』にはその戦功は一切記述されていないとの不満が記されている。その原因は、川口宗勝と太田牛一が不仲であったためだという。さらに両者の不仲の原因が、太田牛一が大勢の人々の前で大した功もないのに大口を叩いていた場所に出くわした川口宗勝が、牛一を一喝したことにあるという。宗勝が不快とした牛一の「過言」とは何かは定かでないが、信長の合戦譚であった可能性もある。

これらの記述は、牛一であろうと甫庵であろうと、彼らの著作は、信長・秀吉とともに戦いの修羅場をかいくぐった戦国の生き残りたちからすれば、自分の体験や見聞との齟齬、違和感を感じさせるケースが少なくなかったことを伝えるものだろう。大久保忠教は、生前に『三河物語』を公にすることはなく、その著述が広まったころには、忠教自身はもちろん、彼の記述を批判できる戦国の生き残りはもはやいなかった。その意味で、実は忠教自身も同じような批判にさらされる危険性が皆無ではなかったのである。

『甫庵信長記』が描く長篠合戦

いずれにせよ、甫庵の著作は、当時から厳しい批判にさらされており、さらに太田牛一の『信長記』と比較して物語性が強くなっただけでなく、牛一の著作にはない記述が盛り込まれていることなどから、後世の歴史学者からも史料としての信憑性を疑われることとなった。その最たるものが、実は「長篠合戦之事」である。長篠合戦といえば、織田信長が装備した鉄炮三〇〇〇挺の三段撃ちで知られるが、これも牛一の『信長記』には記述がなく、『甫庵信長記』が原典である。このため、一連の長篠合戦の通説は、小瀬甫庵の虚説によるものと断じられ、否定されることとなった。

『甫庵信長記』（寛永元年製版）の「長篠合戦之事」は、①天正三年（一五七五）五月、武田勝頼が三河長篠城に籠城する奥平《おくだいら》家正（信昌《のぶまさ》の誤記）を攻め、これを落城寸前に追い込んだ、②この危機に際し、奥平は家臣鳥居強右衛門《とりいすねえもん》を城から脱出させて岡崎に派遣し、信長・家康に援軍を乞うた、③信長・家康は援軍を派遣すると約束し、強右衛門は喜んで帰城しようとするが武田軍に捕縛され、やがて切り捨てられる、④勝頼は、三河牢人小栗某を畿内に使者として派遣し、本願寺や毛利氏との連携を図ろうとするが、小栗は家康に内通し、勝頼に信長は各所で敵が蜂起したため、後詰には来ないとの虚報を知らせた、⑤勝頼はこれで勝利を確信し、滝沢川を渡河し、有海原に進出する、⑥織田・徳川連合軍は、有海原に柵を構え、三〇〇〇挺の鉄炮で武田軍を待ちかまえた、⑦武田軍は、鳶ケ巣山砦《とびがすやま》など長篠城包囲のための付城を酒井忠次《さかいただつぐ》らに攻略され、織田・徳川軍への攻撃も鉄炮で粉砕されて敗退した、⑧織田・徳川軍は名だたる武田方の諸将を討ち取った（交名を掲げる）、という内容である。

ところが、『甫庵信長記』の諸本研究により、意外な事実が判明した。それは慶長十六、七年刊行の初版には、②③の鳥居強右衛門の記述がなく、⑧の諸将の人数や官途が相違していることである。このことは、慶長版から寛永元年版に至る過程で、甫庵は特に徳川方の武士や武田遺臣らから、新たな情報提供や問題の指摘などを受け、記述の改訂、増補を行った可能性を想定させる。この改訂は、甫庵個人にとってメリットがある範疇ではないので、私情を交えぬ「功績があるにもかかわらず『信長記』が書き漏らした人たちの無念さはいかばかりかと思い」書き足したものではなかっただろうか。

私たちは、あまりにも『甫庵信長記』を貶めてきたのではなかろうか。甫庵も、牛一も、大久保忠教も戦国合戦を知る生粋の戦国人である。もちろん、記述の内容は精査しなければならないが、ほぼ同時代を生きた三人の著作は、準同時代史料として慎重な検証を行いつつ、利用する必要があるのではなかろうか。『甫庵信長記』にも、十分信頼出来る情報が含まれている可能性がある。このことは拙著『長篠合戦と武田勝頼』でも事例を掲げて指摘したところである。

異端視された史料―『甲陽軍鑑』

次に、長篠合戦はもちろん、武田氏研究において無視出来ぬ史料として『甲陽軍鑑』をあげることができる。『軍鑑』は、本編二〇巻（全五九品）、末書二巻で構成されたもので、天正三年（一五七五）五月、長篠敗戦で山県昌景《やまがたまさかげ》・馬場信春《ばばのぶはる》ら信玄以来の宿将が戦死したことに危機感を覚えた春日《かすが》弾《だん》正忠虎綱《じょうのじょうとらつな》（いわゆる高坂《こうさか》弾正）が、甥春日惣次郎（惣二郎とも）、家臣大蔵彦十郎《おおくらひこじゅうろう》の協力を得て、口述筆記により作成し、武田勝頼の側近跡部《あとべ》大炊助《おおいのすけ》勝資《かつすけ》、長坂《ながさか》釣閑斎《ちょうかんさい》光堅《こうけん》に贈ったものが原本とされる（酒井憲二『甲陽軍鑑大成　研究篇』汲古書院、一九九五年）。春日虎綱が、武田信玄の言行や事績の数々を書き記したものを跡部・長坂に贈ったのは、彼らに信玄の偉大な足跡と教訓とを思いおこさせ、その政治姿勢を正そうと意図したからだと指摘される（酒井氏前掲著書、上野晴朗『定本武田勝頼』新人物往来社、一九七八年）。『軍鑑』の原本は、天正六年六月に虎綱が死去すると、甥春日惣次郎と家臣大蔵彦十郎が書き継いだ。天正十年三月、武田氏滅亡後、惣次郎は佐渡国に落ち延び、佐和田（沢田）に隠棲してなおも執筆を続けた。だが惣次郎は、天正十二年末より癪《しやく》を煩い、同十三年三月三日、自らの死期を悟り、自身の流転と『軍鑑』成立の顚末、そしてまもなく訪れるであろう自身の死への思いを簡潔に述べて跋文を締め括っている。彼はまもなく死去したらしい。『軍鑑』は惣次郎死去の翌天正十四年に小幡下野守光盛《おばたしもつけのかみみつもり》、西条治部少輔《にしじょうじぶしょう》らが入手し、同年五月に簡単な記事と跋文を追加している。彼らは、もと春日虎綱麾下《きか》の川中島衆で、惣次郎や大蔵彦十郎と知己であり、その縁で『軍鑑』原本が小幡光盛らの手に渡ったのだろう。問題はこの『軍鑑』原本が、小幡光盛から『軍鑑』の編者とされる小幡勘兵衛《かんべえ》景憲《かげのり》（元亀三年〈一五七二〉～寛文三年〈一六六三〉四月三日）に渡った時期と経緯であるが、これはよくわかっていない。光盛は景憲の大叔父（祖父山城守虎盛《やましろのかみとらもり》の弟）に当たり、保持していた『軍鑑』を景憲に手渡す理由は大いにある。しかも有沢武貞述作『伝附状悉解《でんぷじょうしつかい》』（享保二十年〈一七三五〉五月）には、武田氏滅亡の混乱の中、父昌盛を失った当時一一歳の景憲は、大叔父の小幡下野守に引き取られ、越後にいたと記録されている。これが事実かどうかは定かでないが、極めて貴重な記述で、事実ならば光盛と景憲が確かな線で結ばれることとなる。

では、『軍鑑』原本が小幡景憲の手に渡った時期は絞れるだろうか。実は景憲は、文禄四年（一五九五）から慶長十九年（一六一四）まで兵法修行のため諸国遍歴を行ったという（『小幡景憲記』）、その間に上杉氏に仕え越後にいた大叔父光盛を訪ねる機会があった可能性は高い。上杉氏の記録によると、小幡光盛は慶長元年二月に死去したといわれ（『御家中略系譜』）、西条治部少輔は彼より早い文禄元年に死去したと伝わるので（『更級郡・埴科郡人名辞書』）、『軍鑑』原本は、間違いなく小幡光盛が保管していたと推察される。そして、景憲が、生前の光盛を訪ねる機会は、文禄四年〜慶長元年のわずか一年しかない。授受がなされたとすれば、この時期であろう。『軍鑑』は、当初、大名や豪商、知識人の間を、小幡景憲自身による書写謹呈や、貸与書写により伝播していき、よく知られる存在となっていった（『本阿弥光悦行状記』等）。その過程で、『軍鑑』は所有者小幡景憲の意図とは別に、様々な曲折を経て、公刊され、やがて版本として流布していく（その過程については、高橋修『【異説】もうひとつの川中島合戦』洋泉社新書y、二〇〇七年参照）。それとともに、『軍鑑』は甲州流軍学の聖典とみなされ、小幡景憲は軍学者としての地位を確立していくのである。

しかしながら、『軍鑑』に対する近代歴史学の評価は、同書は極めて杜撰な内容を持ち、記述の信憑性に乏しく、史料的価値をほとんど認めることが出来ないという考え方が、田中義成「甲陽軍鑑考」以来の常識であり、二〇年ほど前までは歴史学界の主流的見解であった。現在でも、『軍鑑』を疑問視する研究者は少なくない。

『軍鑑』を疑問視する意見が跡を絶たないのは、同書の政治・軍事史の記述と史実との齟齬が多いためである。『軍鑑』の記事を、信頼できる古文書や記録などと照合、点検してみると、例えば武田《たけだ》信虎《のぶとら》追放を天文七年（一五三八）（史実は天文十年）、武田晴信《はるのぶ》（のち信玄）の出家を天文二十年（史実は永禄元年〈一五五八〉）とすることなど、矛盾する部分が甚だ多く、このために到底信頼の置ける史料と言うことはできないとされてきたわけである。『軍鑑』の信頼性の低さを示す代表的な事例として、よく引き合いに出されるのは、実は長篠合戦に関する記述である。高柳光壽『長篠之戦』は、決戦に反対する諸将の意見を、勝頼側近跡部勝資と長坂釣閑斎光堅が退けたとある『軍鑑』の記述に注目した。高柳氏は、長篠合戦の前日五月二十日に、勝頼が武田領国の某城を守っていた「長閑斎」へ、見舞いの返事を出している文書を掲げ、これを根拠に長坂光堅は長篠合戦に参加していないと主張し、『軍鑑』がいかに信頼できない軍記物であるかを痛烈に批判した。このことは『軍鑑』の史料的価値の低さを証明する決め手として、繰り返し引用されてきた。こうしたことが、『軍鑑』は春日虎綱が原本を作成したのではなく、小幡景憲が春日に仮託して編んだものだという説まで唱えられる背景となった。

しかし、国語学者酒井憲二氏の生涯をかけた研究により、①『軍鑑』には、室町時代の古語がふんだんに使用され、仮名遣いもまた同様であり、②さらに甲斐・信濃の方言や庶民が使用する「げれつことば」も多用されている、③『軍鑑』には、口語りの形式がそのまま記述されている場合が多く、息の長い一センテンスや類語の積み重ねによる重層表現なども多用され、推敲を重ねた文体ではない、口述筆記の表記が残されている、④このような言語相は、江戸時代初期の人物が中世人を真似て偽撰し、著述出来るものではない、ことなどが明確にされた（酒井氏前掲著書）。

また、黒田日出男氏も、『軍鑑』の記述は、戦国史料を読み解く語彙や武家故実などの有用な情報を多く含み、また収録されている文書も、現存するものがあるばかりか、良質な写本も存在し、書式や文言も問題ないなど、一連の『軍鑑』の史料論を展開し、近年精力的に史料的価値の再評価を行っている（黒田日出男・二〇〇六～八年など）。

この他に、『軍鑑』を丹念に読み解き、その評価を変化させる研究も登場し始めている し、最も『軍鑑』を厳しく評価する笹本正治氏も、武家故実や戦国人の習俗などの記述については、史実を伝えていると高く評価している（笹本正治『武田氏三代と信濃―信仰と統治の狭間で―』郷土出版社、一九八八年など）。

『甲陽軍鑑』の信憑性と「長閑斎」宛書状

ところで、『軍鑑』の長篠合戦の記述についての、同書の信憑性の低さを示す決定的証拠とされた文書を紹介しよう（「神田孝平氏旧蔵文書」『戦武』二四八八号、図2）。

当陣の様子心もとなきの旨、態と飛脚祝着に候、万方本意に属するの間、安堵たるべく候、然らば長篠の地、取り詰め候ところ、信長・家康後詰めのため出張候といえども、さしたる儀なく対陣に及び候、敵行ての術を失い一段逼迫の体に候の条、無二彼陣へ乗り懸かり、信長・家康両敵ともにこの度本意を遂ぐべき儀案のうちに候、なおその城用心別して念に入れらるべきこと肝要たるべく候、恐々謹言

五月廿日　　勝頼（花押）

長閑斎

この書状は、長篠合戦の前日に、戦局を心配して飛脚を寄越した「長閑斎」に対し、勝頼が出した返書である。この文書から、「長閑斎」は長篠合戦には参加しておらず、武田領国のどこかの城を守っていたことがわかる。そして宛所の「長閑斎」こそ、勝頼側近で

信長・家康との決戦を主張したと『軍鑑』にみえる長坂釣閑斎光堅であり、いかに同書の記述が誤りに満ちているかの典型例として、高柳光壽『長篠之戦』以来、常に引き合いに出されてきた。

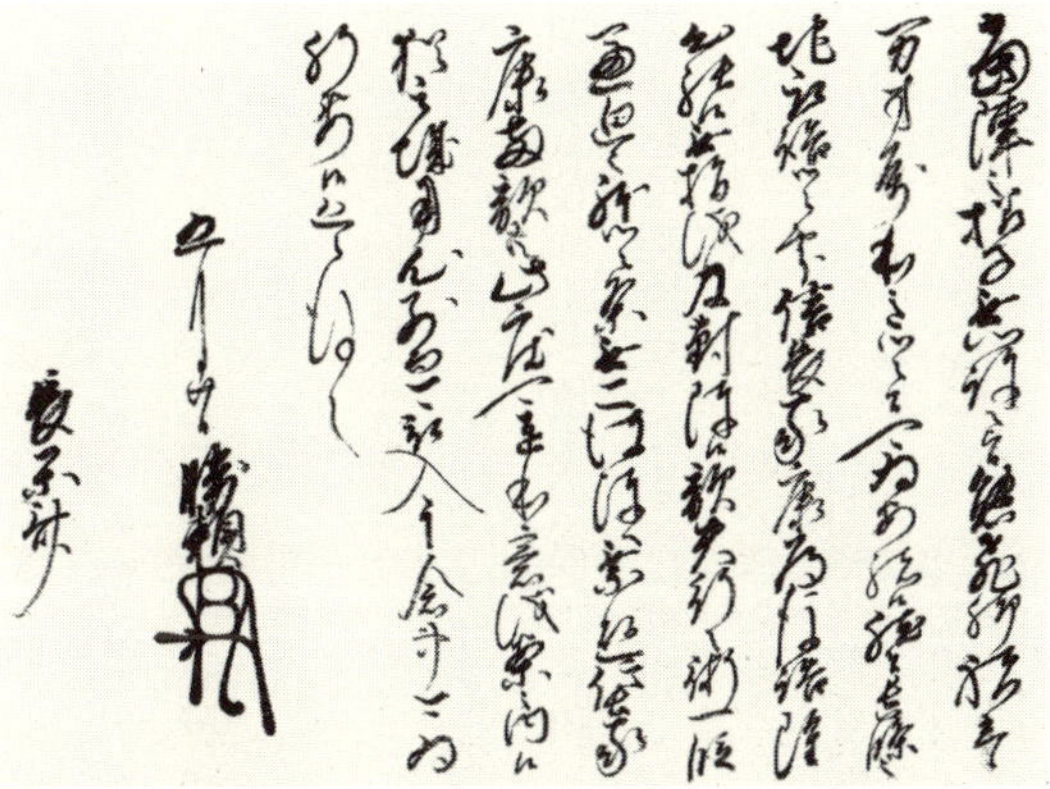

図２　長閑斎宛武田勝頼書状（東京大学史料編纂所所蔵）

しかし筆者は、この「長閑斎」が長坂釣閑斎ではなく、駿河国久能城主今福長閑斎《いまふくちょうかんさい》（『軍鑑』には今福浄閑斎として登場）であることを論証した（拙稿「長閑斎考」『戦国史研究』五八号、二〇〇九年）。確実な文書において、諱「光堅」を伴って明記される長坂の斎号は「釣閑斎」であって、「長閑斎」という事例は一件も存在しないからである。武田家臣で「長閑斎」とは、譜代衆今福長閑斎しかいない。つまり、『軍鑑』の信憑性をどん底にまで貶め、長篠合戦の記述内容を疑わせ続けた最大の壁は、ここに崩れ去った。長坂釣閑斎光堅は、『軍鑑』の記述通り、長篠合戦に参加していたとみてよかろう。

この他に、『軍鑑』が創作した架空の人物といわれ続けた「山本勘助《やまもとかんすけ》」も、「山本菅助」その人であり、実在したことが近年明確にされた（海老沼真治編『「山本菅助」の実像を探る』戎光祥出版、二〇一三年）。こうした一連の研究成果が、『軍鑑』の再評価の気運を高めているといってよかろう。

もちろん、『軍鑑』には史実と相違する記述が多くみられるのも事実である。こうした齟齬も含めて、慎重な検証を踏まえつつ、戦国人の生活、風俗、武家故実などを伝える史料として利用することは可能であろう。本書でも、『軍鑑』を利用して、長篠合戦や戦国合戦の様相などに迫っていきたいと思う。

評価定まらぬ史料—『当代記』

長篠合戦を研究するうえで欠かせぬ史料として、『当代記』を挙げることが出来る。同書は、全九巻九冊で、著者は姫路藩主松平忠明《まつだいらただあきら》（天正十一年〈一五八三〉～正保元年〈一六四四〉、徳川家康の外孫、父は奥平信昌、母は家康息女亀姫）とされるが疑問視されている（『国史大辞典』高木昭作氏執筆）。しかし、使用されている用語などは慶長から寛永期にかけてのもので、松平忠明が活動した時期とほぼ重なるとも指摘される。高木氏は、「江戸幕府当局者から情報を入手できる立場の者が、手もとの資料や手びかえを整理して、後年に執筆したものと考えられる」と述べている。内容は、天文年間（一五三二〜五五）の三好氏の事績から起筆し、慶長二十年（一六一五）一月までの政治・軍事・災害・世相に関する記録である。この記録についての唯一の研究が、伊東多三郎「当代記小考」（『日本歴史』二五四号、一九六九年）である。伊東氏は、①編者は複数存在する可能性があるが、かといって内容を分析すると、日記風の覚書でも、折々に書き継がれた筆記でもない、完全なる編纂書に属する、②とりわけ慶長期以後の記事には、臨場感や直接の見聞にもとづくと考えられるものが多く、信頼性も高い、③織田信長、豊臣秀吉、戦国・織豊期の徳川家康の記事は、『甫庵信長記』『太閤記』に類似するところが多く、これを参考にしていることは確実である、④そのため、『当代記』の成立時期は、元和・寛永以後と推定されるが、これに矛盾する記述がいくつかみられること、⑤編者は、京都周辺の牢人学者か医家等の身分に属する者ではないか、などと指摘した。

これ以後、『当代記』に関する研究はまったく進んでいないが、最近の戦国政治・軍事史研究の進展や、史料集の編纂、刊行など研究環境が整備されたことから、同書の戦国期の記述、とりわけ武田氏と織田・徳川氏に関するそれは、多くが検証可能であり、信頼性が高いと指摘されるようになってきた。例えば、元亀二年（一五七一）三〜五月の武田信玄による遠江・三河侵攻について、江戸時代に編纂された諸書は紙幅を割いて記述するが、本書はまったく記録していない。この作戦は、近年、年代が違い事実と相違することが証明されており（鴨川達夫『武田信玄と勝頼』岩波新書、二〇〇七年、柴裕之・二〇〇七、一〇年）、『当代記』の記述の信頼性を高めることとなった。また、元亀三年十月〜天正元年（一五七三）四月の信玄による西上作戦について、信玄本隊の進路を駿河→遠江高天神城→見付→二俣城と唯一通説と違った記述をしており、これは文書などの分析から裏づけられている（柴氏前掲論文）。さらに、天正三年の長篠合戦後、奥三河で武田氏が唯一確保していた武節《ぶせつ》城を、信長家臣佐久間信盛《さくまのぶもり》が攻略し、そのまま東美濃岩村城を包囲する織田信忠軍に合流した記事も、他の諸記録には所見がないが、六月二十八日付織田信長書状で事実と確認出来る（「野崎達三氏所蔵文書」『愛知』⑪一一一四号）。この他にも、天正四年八月、武田勝頼が遠江に出陣し、小山城に入ったという記事は、他の諸記録に見いだすことが出来ないが、勝頼は遠江平田寺（静岡県牧之原市）に禁制を出しており（「平田寺文書」『戦武』二七二〇号）、彼が本隊を率いて出陣したのが事実と判明する。以上の記事は、『甫庵信長記』などにはまったくみられない『当代記』独自のもので、戦国期の武田・徳川両氏の抗争史に明るい人物が編纂に関与した可能性を窺わせる。松平忠明が編纂に関わったとする説も、一考に値するかも知れない。なお、太向義明氏は、『当代記』が、武田信玄の嫡男義信《よしのぶ》を「先年信玄の嫡男武田太郎幸信をも生害」と記していることを事例として掲げ、「嫡男義信の名を「幸信」と誤るなど、武田氏に対する執筆者の距離の遠さも感じられる」と指摘する。だが、「幸」は「ヨシ」とも訓じるので、「義信」を「幸信」と書いたのは宛字の可能性がある（太向義明「『当代記』研究ノート」磯貝正義先生追悼論文集刊行会編『戦国大名武田氏と甲斐の中世』岩田書院、二〇一一年所収）。

このように、『当代記』のうち、戦国期の武田・徳川・織田氏の抗争史については、必ずしも『甫庵信長記』などを祖述してはおらず、むしろ記事にはどの記録にも登場しない独自のものの方が多い。そしてそれらの多くは、事実と符合するということが指摘されてきている。今後、『当代記』の記事を慎重に検証していく必要があるが、かなりの部分は信頼性が高いと思われる。本書でも、他の史料と突き合わせながら利用する。

以上のように、長篠合戦に関する記録は、勝頼・信長・家康といった当事者が残した文書を除けば、慶長から寛永期にかけて戦国合戦を生き抜いた戦国人が書き残したものか、古い時代の記録などが残されていた時期にそれを編纂したものしかないことがはっきりとわかる。しかし、同じ戦国人が記したものでも、太田牛一・大久保忠教と小瀬甫庵・小幡景憲では、はっきりと記述の評価に差がある。だが、甫庵と景憲の著作について再評価が進む今日、内容（とりわけ政治・軍事史）については慎重な検証が必要であるものの、当時の言語（用語を含む）、軍事、用兵、慣習、社会習俗などは創作や誤記の余地が少ないと思われ、他の史料（例えば外国人宣教師の記録や、戦国人が近世初期に残した軍功覚書、武功書上など）と比較検討すれば、十分に利用出来るだろう。長篠合戦などの戦国合戦や、軍隊の態様などは、通常の文書のほか、こうした記録を利用することで、これまで見えてこなかった実態が明らかに出来るかも知れない。

織田・武田両氏の鉄炮装備

織田信長と鉄炮

意外に少ない史料

織田信長といえば、鉄炮の大量装備と、その天才的な戦術考案により天下統一に向けて急成長を遂げたというイメージが大方であろう。ところが信長と鉄炮に関する専論はきわめて少なく、そればかりか意外なことに史料もまた稀少なのである。現在、信長と鉄炮についての研究は、宇田川武久氏のそれが到達点であるが（宇田川武久『東アジア兵器交流史の研究』吉川弘文館、一九九三年）、その根拠となっているのは『信長記』である。宇田川氏は、同書に記載されている鉄炮関係記事を網羅して検討しており、それを参考に作成したのが、表1である。しかしいっぽうで、信長自身が発給した文書を調べてみると、鉄炮に関する記載は意外なほど少なく（表2）、管見

表1　『信長記』（『信長公記』）にみえる鉄炮記事一覧

No.	年号	西暦	月	日	内容摘要	相手	出典
1	天文十八	一五四九	―	―	若き織田信長が、一六〜八歳にかけて橋本一巴を師匠に鉄炮稽古を行う	―	首巻
2	天文二三	一五五四	4	下旬	信長、斎藤道三と会見、この時弓鉄炮五〇〇挺を随行させる	斎藤氏	首巻
3	天文二三	一五五四	1	24	今川方が籠城する村木城を攻め、信長は敵城の狭間めがけ、鉄炮を取り替えながら射撃する	今川氏	首巻
4	弘治二ヵ	一五五六			敵の馬武者を信長が鉄炮で撃つ	斎藤氏	首巻
5	永禄元	一五五八	7	12	信長家臣橋本一巴が敵の弓名人林弥七郎を鉄炮で撃つ	岩倉織田・犬山織田氏	首巻
6	永禄二	一五五九	3	―	信長、尾張国岩倉城を包囲し、火矢、鉄炮で攻撃	岩倉織田氏	首巻
7	永禄三	一五六〇	5	19	桶狭間合戦で、織田軍の弓、鑓、鉄炮、幟、指物、算を乱して奮戦	今川氏	首巻
8	永禄十二	一五六九	8	28	信長父子、大河内城を攻める。この時、信長は本陣の警護を御馬廻、御小姓衆、弓・鉄炮衆に命じる	北畠氏	2巻
9	永禄十二	一五六九	9	8	大河内城攻めの時、織田軍の鉄炮は雨で役にたたず	北畠氏	2巻
10	元亀元	一五七〇	5	19	六角承禎に雇われた杉谷善住坊が、千草越で信長を狙撃するが失敗	六角氏	3巻
11	元亀元	一五七〇	6	22	諸手の鉄炮五〇〇挺に御弓衆を加えた部隊に殿軍を命じる	浅井氏	3巻

12	元亀元	一五七〇	9	13	城中へ大鉄炮を撃つ、本願寺勢と日夜鉄炮を撃ち合う	本願寺	3巻
13	元亀三	一五七二	7	24	竹生島に舟を寄せ火矢、大筒、鉄炮で攻める	浅井・朝倉氏	5巻
14	元亀四	一五七三	10	25	信長退却時に一揆勢が追撃、風雨のため敵味方の鉄炮は役にたたず	長島一向一揆	6巻
15	天正二	一五七四	7	13	一揆勢を弓・鉄炮で攻撃	長島一向一揆	7巻
16	天正二	一五七四	7	15	大鉄炮で塀、櫓を打ち崩す	長島一向一揆	7巻
17	天正二	一五七四	9	29	長島より退く舟を弓、鉄炮で攻撃	長島一向一揆	7巻
18	天正三	一五七五	5	18	長篠合戦（酒井忠次の別働隊編制）	武田氏	8巻
19	天正三	一五七五	5	21	長篠合戦	武田氏	8巻
20	天正四	一五七六	5	3	一揆勢を数百挺の鉄炮で攻撃	本願寺	9巻
21	天正四	一五七六	5	7	信長の足に鉄炮が当たる。本願寺軍、織田軍を数千挺の鉄炮で攻撃	本願寺	9巻
22	天正五	一五七七	2	18	織田軍の襲来に、雑賀衆が鉄炮で応戦	雑賀衆	10巻
23	天正五	一五七七	10	1	織田軍、松永久秀家臣海老名・森氏らが籠もる片岡城を攻める。城方は鉄炮で応戦	松永久秀	10巻
24	天正六	一五七八	6	26	播磨国神吉城攻めで、織田方は大鉄炮で城の塀・矢蔵を打ち崩す	別所氏	11巻

25	天正六	一五七八	6	26	織田方の大船が大筒で敵船を撃破	本願寺	11巻
26	天正六	一五七八	11	6	織田方の大船が西国舟六〇〇艘を木津表で大鉄炮で撃破	本願寺	11巻
27	天正六	一五七八	12	8	織田軍、鉄炮と御弓衆で伊丹城を攻撃	荒木氏	11巻
28	天正七	一五七九	8	6	信長、鉄炮屋与四郎の知行を没収	—	12巻
29	天正七	一五七九	12	1	池田和泉、鉄炮で頭部を射ち自害	—	12巻
30	天正七	一五七九	12	13	荒木村重方の女房衆らを鉄炮などで処刑	荒木氏	12巻
31	天正九	一五八一	6	25	羽柴秀吉、因幡国で毛利軍と戦う。人数の中から数千挺の弓・鉄炮を選抜しこれを撃破	毛利氏	14巻
32	天正九	一五八一	10	—	鳥取城包囲中の羽柴秀吉軍が、飢餓に耐えきれず柵際に出てきた者たちを鉄炮で撃つ	毛利氏	14巻
33	天正十	一五八二	3	—	甲信国掟に、鉄炮・玉薬・兵粮の備蓄を指示した一条あり	—	15巻
34	天正十	一五八二	4	10	徳川家康、帰国の途についた織田軍のため、鉄炮を担いでの行軍に便利なように道幅を拡張し、竹木を伐採する	—	15巻
35	天正十	一五八二	4	14	信長、遠江国浜松で軍勢の解散を宣言し、御弓衆・御鉄炮衆を残し、早々の帰国を認める	—	15巻
36	天正十	一五八二	6	2	明智光秀軍、近衛邸の屋根から弓・鉄炮で二条御所の織田信忠方を撃つ	明智光秀	15巻

註：出典は『信長記』（福武書店刊影印本）、『信長公記』（陽明文庫本）による。

内　容　摘　要	所蔵	出典
分国におゐて貴辺鉄炮にて鹿・鳥打候事不苦候	坪内文書	信長54号
就在陣以使僧令申候，殊鉄炮筒十張贈給候	大宮市個人	信長248号
然者鉄炮玉薬・兵粮以下之儀者，金子百枚・二百枚ほとの事余ニ安事ニ候	細川文書	信長364号
国友之内を以，百石令扶助候，全可有知行候，鉄炮儀不可有如前々相違候	国友共有文書	信長下115頁
就鷹野鉄炮雖令停止，其辺者無越事之条，領中分鶴・雁其外諸鳥冬春鷹野之間可討旨可申付也	高木文書	信長487号
就鉄炮停止，此方鶴・雁諸鳥希候，然者其辺知行分相触，冬春鷹野之間鉄炮可放旨可申付候也	池田文書	信長488号
就鷹野鉄炮雖令停止，其辺者不入之条，冬春鷹野之間，領中分鶴・雁其外諸鳥可討旨可申触候也	吉村文書	信長489号
就鷹野鉄炮雖令停止，其辺者無越事之条，領中分冬春鷹野之間，鶴・雁其外諸鳥可討旨可申付也	東京国立博物館	信長490号
鉄炮放，同玉薬之事，被申付之由尤候	細川文書	信長509号
鉄炮之事被申付令祝着候（中略）十八日押詰鉄炮放候	細川文書	信長510号
仍鉄炮放被申付候，令祝着候	細川文書	信長511号
其外平野土佐・あさみ，鉄炮者共五十・六十つゝ切之，生捕十人・廿人つゝ到来	古文書纂	信長535号
就越前出馬，鉄炮之玉千到来，遙々之懇志喜入候	不審庵	信長545号
一鉄炮・玉薬・兵粮，可畜之事	信長記	信長985号
就在陣，火矢一口到来候，細々懇志悦入候	岡田家系図	信長補遺246号

番号を示す．

表２　織田信長文書にみえる鉄炮記事一覧

No.	年号	西暦	月	日	発給者	受給者	国
1	永禄８	1565	9	3	信長	坪内喜太郎	尾張
2	(元亀元ヵ)	1570	9	7	信長	槇尾寺	和泉
3	(天正元)	1573	3	7	信長	細川藤孝	山城
4	天正２	1574	8	吉	羽柴秀吉	国友藤二郎	近江
5	天正２	1574	12	9	信長	高木彦左衛門	美濃
6	天正２	1574	12	9	信長	不破大炊助・田中真吉	美濃
7	天正２	1574	12	9	信長	神野源六郎・伊藤七郎左衛門・吉村又吉郎	美濃
8	天正２	1574	12	9	信長	太田左馬助	美濃？
9	天正３	1575	5	15	信長	長岡藤孝	山城
10	天正３	1575	5	20	信長	長岡藤孝	山城
11	天正３	1575	5	21	信長	長岡藤孝	山城
12	(天正３)	1575	8	22	信長	村井貞勝	京都
13	(天正３)	1575	9	16	信長	抛筌斎(千宗易)	和泉
14	天正10	1582	3	—	信長	(甲信国掟)	甲斐・信濃
15	—	—	—	—	信長	寺田又左衛門・松浦安大夫	和泉

註：出典は，奥野高廣『増訂織田信長文書の研究』全三冊による．番号は同書の文書

の限り、それはわずか一五点を数えるのみで、ここからは信長が大量の鉄炮を装備していた形跡を読み取ることは難しい。むしろ、発給文書における鉄炮関係の記事に限っていえば、信長と比較して後進性ばかりが取りざたされる武田氏の方が、鉄炮の保有を示す記事が登場する時期や文書数も、遙かに彼を凌ぐ（後掲表6参照）。

つまり、信長と鉄炮の関係や戦術問題については、『信長記』がなければまったく明らかにはならないことがわかる（但し、筆者は信長家臣の発給文書の悉皆調査を今回なしえなかった。それを踏まえたうえでの議論は今後の課題である）。信長は太田牛一という実に筆まめな家臣が、自身の記録をできる限り正確に書き残そうとしてくれたことに感謝しなければならないだろう。もし『信長記』が存在しなければ、長篠合戦で大量の鉄炮が投入されたことが『軍鑑』などの記録に見えていても、詳細は謎とされていたかも知れない。

信長の鉄炮運用

信長の鉄炮運用について調査した宇田川武久氏が、『信長記』の記事から述べていることをまとめてみると、①信長は、若いころより砲術師橋本《はしもと》一巴《いっぱ》に鉄炮を習い、その射撃方法や技術に習熟していた（表1№1）、②当初、信長は鉄炮を弓衆と組み合わせて編制しており「弓鉄炮」とセットで呼称された（表1№2他）、③天文二十三年（一五五四）一月の村木城攻撃で、信長は敵城の狭間に鉄炮の射撃を集中させたが、その時に交代射撃を行わせている（表1No.3）。これは鉄炮を間断なく射撃させる戦術であり、長篠合戦よりも早く、むしろこうした射撃法が当時の砲術の常識であった可能性が高く、新戦術として評価することはできない、④永禄元年（一五五八）に橋本一巴が「二つ玉」を用いて鉄炮を撃っている（表1No.5）。これは現在でいう散弾のことで、こうした砲術がこの時期に確認できることは重要である、⑤信長の上洛を境に、鉄炮装備が増え、使用が活発化している、⑥永禄十二年に伊勢北畠氏を攻めた際に、馬廻衆の中に弓鉄炮衆が確認され（表1No.8）、長篠合戦時には「御馬まハり鉄炮五百挺」とあることから、旗本鉄炮衆の編制が行われていた（表1No.18）、⑦また信長は、天文二十三年から永禄十二年の間に、弓と鉄炮を分離し、鉄炮のみで編制される鉄炮衆を編制したと推定される、⑧天正二年（一五七四）と同六年には、大鉄炮（大筒）の導入が見られ、敵城の塀、櫓などを破壊するために使用されている（表1No.16）、などである。

以上のような宇田川氏の指摘は、おおよそ妥当であろう。ただ、弓衆と鉄炮衆の分離が進んでいたということについては、なお一考を要すると思う。後述するように、武田氏も弓衆と鉄炮衆は別々の編制であったが、合戦の時は共同で編制されるのが常態であった。『信長記』の記述を見ても、実は織田軍も同じで、弓衆と鉄炮衆は別々の編制になっており、時にはそれぞれ単独で、あるいは共同で合戦に参加しているように読める。鉄炮衆をどのように作戦に投入し、運用するかはケース・バイ・ケースであったのだろう。実は長篠合戦でも、鉄炮衆は信長旗本の御弓衆の加勢を受けて、武田軍と戦っているのである（拙著『長篠合戦と武田勝頼』参照）。

このほかに、村木城攻めの際に、信長が実施した鉄炮の射撃法について、原文には「信長堀端に御座候て、鉄炮にて狭間三ツ御請取りの由仰せられ、鉄炮取かへ〳〵放させられ、上総介殿御下知なさるゝ間、我も〳〵と攻上り」とある。宇田川氏は、これを交代射撃と解釈するが、鉄炮を取り換えながら射撃するのは単なる交代ではなく、銃手はそのままで、後方に控える数人が弾込めをして手渡すという、いわゆる「鳥打ち」「取次」とされる方法ではなかろうか。しかし交代射撃法が、当時の砲術の常識であるという宇田川説には賛成である。火縄銃の弱点は、いうまでもなく弾込めに時間がかかることと、雨では使用できないことの二つであった。『信長記』にも、雨で鉄炮が使用不能であったため、織田軍が苦戦したという記述もみられる（表1№9・14）。こればかりはどうにもならなかったが、弾込めに伴う時間のロスを補う工夫が、かなり早い時期からあったとみて間違いなかろう。それらは信長の新発想でも、戦術革命でもない。

次に、鉄炮衆の編制方法について検討しよう。そこで注目されるのは、元亀元年（一五七〇）六月、撤退しようとする信長軍を、浅井《あざい》長政《ながまさ》の軍勢が追撃してきたため、信長は殿軍を編制しこれに対抗したが、それは「諸手之鉄炮並御弓之衆」「諸手之鉄炮五百挺」であったと記録されていることである（表1№11）。この「諸手之鉄炮」とは、諸将の部隊から選抜して編制した鉄炮衆のことを指す。天正九年（一五八一）六月、因幡国で毛利軍と戦った羽柴秀吉が、二万余騎の軍勢の中から、数千挺の弓と鉄炮を選抜して編制したとあるのも同様である（表1№31）。このように、信長の鉄炮隊とは、彼に直属する旗本鉄炮衆と、各武将がそれぞれ保持する鉄炮とに区分され、必要に応じて各武将から鉄炮放（銃兵）を提出させ、臨時編制したものが「諸手之鉄炮」である。つまり、信長の保持する鉄炮隊は、すべてが彼に直属する旗本鉄炮衆ではなかったことがはっきりする。信長が独自に保持し、編制した旗本鉄炮衆の規模は明らかではないが、長篠合戦でそれが大きな役割を果たしていないところをみると（旗本鉄炮衆五〇〇挺が鳶《とび》ケ《が》巣山《すやま》砦攻撃部隊の酒井忠次に付属させられており、決戦場には姿が見えないので、あるいはこの数が旗本鉄炮衆のほぼすべてなのであろうか）、織田軍鉄炮衆の主力は、「諸手抜」による臨時編制の鉄炮衆だったことは間違いなかろう。

ところで、『信長記』の記事を見ると、信長は石山本願寺との戦争に伴い、鉄炮を大量に戦場に投入し始めている。これは、本願寺が紀州雑賀衆などの支援を受け、大量の鉄炮衆を編制し、織田軍と対峙したことが影響している。信長も、本願寺に対抗するために、鉄炮を大量に装備しなければならなかったのである。元亀元年（一五七〇）九月の合戦では、織田軍と本願寺軍双方が撃ちあう鉄炮の音が日夜轟いたと記録されている（表1No.12）。このことは、鉄炮をできる限り大量に戦場に投入するという戦術は、信長は本願寺との合戦の経験から学んだといえるだろう。こうした鉄炮を大量に装備して、激しく撃ちあうという合戦は、東国ではまだ見られなかった。もちろん武田氏も、後で詳しく紹介するように、合戦場で敵軍に鉄炮を撃ちかけるという戦法を知らなかったわけではなく、むしろ鉄炮を前面に出して戦闘を行っていた。だがその数量は、武田氏も、またその敵となった東国の大名たちの軍勢でも、本願寺と信長の戦場のように、一〇〇〇挺を超える規模は確認出来ない。つまり、合戦における大量の鉄炮装備と運用という経験則は、畿内における信長と本願寺の戦場がその嚆矢であったと推察され、いわば「西高東低」だったわけであり、織田氏と武田氏の差はこうしたところにも根ざしていた可能性が高い。

長篠合戦における鉄炮衆編制

それでは、織田信長は長篠合戦でどのような鉄炮衆を編制したのであろうか。このことについては、すでに先学が詳細に分析済みではあるが、紹介しておこう。『信長記』によると、信長は自身の旗本鉄炮を少なくとも五〇〇挺装備していた。既述のように、彼は旗本鉄炮衆を、酒井忠次率いる別働隊に付属させ、鳶ケ巣山砦攻撃に向かわせている。では、決戦場に投入された三〇〇〇挺に及ぶ大量の鉄炮衆はどのように編制されたのか。

このことを窺わせる史料が、表2№9・10である。信長は、当時山城国に残留し石山本願寺の動向を監視していた長岡《ながおか》（細川《ほそかわ》）藤孝《ふじたか》に書状を送り、鉄炮放（銃兵）と玉薬を至急信長のもとへ派遣するよう要請していたのである。この指示は、信長が岐阜にいる間に行ったものであろう。藤孝は、信長からの指示を受けてただちに家臣らに準備を命じ、五月十二日付で信長へ返書を書き送ったらしい。信長は「去る十二日の折紙は拝見した。鉄炮放（銃兵）と玉薬を準備するよう命じてくれたことをうれしく思う。なおいっそう家中を精査してくれるのが望ましい」と藤孝に書き送り、鉄炮上手を厳選して派遣するよう依頼した。

「細川家記」によると、信長の要請を受けた藤孝は、鉄炮足軽一〇〇人（七〇人とする別本もある）に、小頭を添えて長篠に派遣した。現地で細川衆は、信長家臣塙《ばん》九郎《くろう》左衛門《ざえもんの》尉《じょう》直政《なおまさ》の配下に編制されたという。

また『多聞院日記』によると、奈良の筒井《つつい》順慶《じゅんけい》も信長の要請を受け、五月十七日に鉄炮衆を派遣している。

　岐阜へ筒井ヨリテツハウ衆五十余合力ニ被遣之、各々迷惑トテ悉妻子ニ形見遣出、アワレナル事也ト云々、遠国陣立浅猿

筒井順慶が派遣した鉄炮衆は五〇人で、それは「合力」（加勢）と明記されている。だが織田軍への派遣を指名された五〇人はみな困り果て、妻子に形見を与えて岐阜に向かったといい、その姿は憐れを誘ったと記されている。

実際には史料が残されていないだけで、もっと多くの家臣に対して、鉄炮衆の派遣が信長から要請されていたことであろう。長岡・筒井両氏だけでも、合力鉄炮衆は一五〇挺に及んでおり、織田領国全域（まだ敵勢力が存在したため、必ずしも全域を支配下に置いていないところもあるが、それは尾張・美濃・伊勢・近江・越前・若狭・大和・和泉・摂津・河内などに及ぶ）に動員をかけたとすれば、たちまち数多くの鉄炮が集まったことであろう。信長が大量に鉄炮を集めることが可能であった秘密は、武田氏を凌ぐ領国の規模にあったとも

いえるだろう。

信長は、長篠に帯同せず各地に残留させた家臣たちからの合力（加勢）鉄炮と、参陣している諸将の部隊から鉄炮を引抜き、臨時に鉄炮衆を編制した。このことは、『信長記』には記述がないが、『甫庵信長記』に「兼て定め置かれし諸手のぬき鉄炮三千挺」とあり、事実を正確に伝えているとみてよかろう。

実は徳川軍も同様で、長篠合戦では各部隊から鉄炮だけを引抜いて三〇〇挺の鉄炮衆を編制し、さらにそれを二手に分けて備を完成させている（『松平記』『寛永伝』）。これは徳川軍が、織田軍を真似てその場で実施したわけではない。『三河物語』によれば、元亀三年（一五七二）十二月、三方原の合戦で敗れた徳川家康は、浜松城郊外の犀ケ崖《さいががけ》まで進出してきた武田軍に一矢報いるべく、夜襲をしかけている。この作戦は大久保忠世が家康に、このまま弱みを見せては、いよいよ敵を勢いづかせるだけだと進言し、「然ば諸手の鉄炮を御集めなされ給へ、我等が召連れて夜打を仕らん」と主張したので、家康が許可したものであった。ところが大久保忠世が諸隊より鉄炮放を募ったところ、武田軍を恐れて「諸手を集め申共、出る者もなし」という有様で「やう〳〵諸手よりして、鉄炮が二三十挺計出るを、我手前の鉄炮に相加へて、百挺計召連れて、犀崖ゑ行きて、つるべて敵陣へ打込」んだという。ここでも、鉄炮衆の編制は、「諸手抜」による臨時編制であったことがはっきりわかる。このように、鉄炮を諸隊から引抜き、鉄炮装備だけの兵種別に編制することは、戦国期では常態であったと推察される。

以上のように、長篠合戦における織田・徳川両軍の鉄炮衆は、各部隊から引抜かれた、いわゆる「諸手抜」による編制であった。そしてこの編制方法は、信長も家康もこれまでしばしば実施してきたものであり、長篠合戦が最初ではなかった。つまり長篠合戦での鉄炮衆編制は戦国期の鉄炮戦術としてはごく当然のことで、どこの大名も行っていた常態であった可能性が高い。また鉄炮の大量投入は、信長が浅井・朝倉氏や本願寺との厳しい戦いのなかで経験した戦訓にもとづき、今までと同じように採用したものであり、対武田戦のために熟考し捻り出した新戦法なるものではなかったことは明らかである。

信長は鉄炮をどのように入手したか

織田信長が装備した鉄炮は、近江国国友村の鉄炮鍛冶に製造させたものと、和泉国堺の商人を通じて南蛮貿易により輸入させた（一部、堺の鉄炮鍛冶が製造したものもある）ものにより、装備が整ったというのが定説であり、これは高等学校の教科書や参考書にも記述されている。ところが、事実かどうかを確認することはそう簡単ではない。

まず、近江の国友村が織田信長の大量注文を受けて鉄炮を製造したという事実は、確実な史料では確認できないのである（太田浩司「国友鉄炮鍛冶の組織と国友村」宇田川武久編・二〇〇七年所収など）。織田氏と国友村の関係が明確になるのは、浅井長政滅亡後の天正二年（一五七四）八月のことである（表2No.4）。ただし、戦国期の国友村で鉄炮が製造されていたことは、間違いない。この村が位置する琵琶湖の北部は、平安時代から製鉄に携わった鉄穴師《かんなじ》、鍛冶が広く分布していたことが判明しており（長浜城歴史博物館編『特別展国友鉄砲鍛冶―その世界―（改訂版）』同館、一九九一年）、こうした技術集団が集まった地域の特性を裾野に、国友村では鉄炮製造が始まったのであろう。現在、戦国期の国友村で鉄炮が製造されたことを確実に示す史料としては、戦国大名朝倉氏が出羽国檜山《ひやま》城主下《しもの》国愛季《くにちかすえ》に贈った品物の中に「鉄炮壱挺国友丸筒」とあるのが初見である（『朝倉』一〇二号）。これは、朝倉義景《あさくらよしかげ》が下国氏に先代と同じく友好を結びたいと願い、家臣一源軒宗秀《いちげんけんそうしゅう》をして書かせた手紙の一節に見られるものである。そのきっかけは、朝倉氏家臣宗秀と、下国氏家臣砂越《さごし》入道《にゅうどう》也《や》足軒宗順《そくけんそうじゅん》が、越後府中でしばしば出会って会談し、両氏の旧交について話が及んだことにあった。これを宗秀帰国後に聞き知った義景が、様々な特産物を贈って通好を復活させようとしたのである。この文書は年未詳四月二十一日付であるが、年代については天文末から弘治初年ごろのものとする説がある（宇田川武久「鉄炮と石火矢」『日本の美術』三九〇号、一九九三年）。しかし朝倉・下国両氏の家臣が出会って越後府中で会談したというのは、永禄四年（一五六一）川中島合戦の際に、上杉謙信の援軍として越後府中に両氏が家臣を派遣したことと関係しているので、佐藤圭氏の考証する永禄五年説が正しいであろう（『朝倉』解説）。とりわけ注目すべきは、鉄炮を「国友丸筒」と製造場所の地名を冠して呼称していることで、国友村産の鉄炮は当時すでにブランド化しており、近隣諸国で著名であった可能性がある。しかしだからといって、信長とすぐに結びつけることはできない。多くの先学が指摘するように、当時国友村は、織田信長と敵対する浅井長政の領域に所在し、敵国からの注文に応じられるような状況にはなかったとみられるからである。朝倉氏も、国友鉄炮を同盟国浅井氏経由で入手したとみて間違いなかろう。もし、信長が国友村に鉄炮を発注できるとすれば、天正元年九月の浅井氏滅亡後のことだろう。

では、堺の方はどうであろうか。このことについては、堺の商人千宗易《せんそうえき》から、長篠合戦直後の天正三年（一五七五）八月、越前出陣にあたって鉄炮玉一〇〇〇発を贈られており（表2№13）、堺との密接な結びつきを窺うことができる。贅言するまでもなく、堺は南蛮貿易の拠点であり、鉄炮は貿易によってもたらされたものであろう。また堺でも鉄炮の製造が行われていたから（前掲『日本の美術』三九〇号、一九九三年ほか、太田宏一「堺鉄炮鍛冶と紀州」宇田川武久編・二〇〇七年所収）、これも信長のもとに入ったとみて間違いない。

また信長は、天正元年（一五七三）三月、武田信玄の西上、浅井・朝倉連合軍の攻勢という危機的状況に直面した際に、鉄炮・玉薬・兵粮の大量調達を指示しており、金子一、二〇〇枚で調達できれば安いものだと述べている（表2№3）。この時調達を信長から命じられているのは、細川藤孝と荒木村重《あらきむらしげ》である。彼らは山城に在陣しており、この時に調達できるとすれば京都か堺からであろう。もちろん当時の京都は浅井・朝倉軍が迫り、将軍足利義昭が信長と断交するという情勢下であったので騒然としていたであろうが、物資の集積地として見逃せない。また、細川藤孝宛の書状の別のところで、摂津中島城を守っていた細川昭元《あきもと》が、三好義継《みよしよしつぐ》・松永久秀《まつながひさひで》に攻められ、城を明け渡して退去したことを、信長が残念がっている部分がある。この時、細川昭元が逃れたのは、堺であった（谷口克広・二〇〇六年）。この点からも、堺での購入を視野に入れていたと考えられなくもない。

しかしいずれにせよ、信長は大規模な合戦を想定して、大量の鉄炮・玉薬・兵粮調達を多額の金で購入しようとしていたわけである。その需要にすぐさま応じられる京都や堺を擁する畿内の物流こそ、信長の鉄炮装備を支えていたとみて間違いなかろう。

また鉄炮鍛冶に知行を与えて製造させていたことを窺わせる史料として、『信長記』巻一二の記述は興味深い。この記事は、信長が安土で見事な相撲の技を披露した甲賀出身の伴正林《ともしょうりん》に扶持を与えた際のもので、その対象になったのは、信長の勘気に触れて牢舎を命じられていた「鉄炮屋与四郎」の私宅・資財・雑具を含めた知行一〇〇石であった。与四郎は、鉄炮鍛冶とみて間違いなく、それに信長が知行を与えていた事実が窺われる（表1№28）。

いっぽう、信長の軍事力を支える尾張・美濃の土豪層にも、鉄炮の保有が認められる（表2№1、5〜8）。しかし、武田・北条氏とは違い、織田信長が家臣に軍役賦課を命じた軍役定書などは一切残されていない。残っていないのか、出されなかったのかも不明である。そのため、家臣の知行貫高もしくは石高に対して、軍役人数と装備を指示した内容を把握できない。このことが、織田信長の軍事力編制に関する研究がまったくないことの原因の一つでもある。だが織田軍の鉄炮衆は、信長自身が装備した旗本鉄炮衆よりも、家臣たちが装備し参陣してきた軍役が間違いなく裾野として広く、それを「諸手抜」で編制したものが、織田軍鉄炮隊の中核となったのであろう。そして個々の家臣や土豪も、商人などを通じて購入したのであろう。その際に、やはり畿内近国周辺に位置する織田領国は、軍事物資の流通と極めてアクセスしやすく、購入は武田氏に比べて容易だったのであろう。

織田軍が使用した鉄炮とは？

それでは、織田信長が長篠合戦で使用した鉄炮とは、どのような大きさのものであっただろうか。もちろん、当時使用された鉄炮の現物は残されていない。だが、それを知る手がかりがある。長篠古戦場から発見された鉄炮玉（図3）である。現在確認されている鉄炮玉は、長篠決戦場と長篠城跡で合計二二五個であり、このうち現物が残されているのは二二三個で（表3、今泉正治、小林芳春・一九九七年、小和田哲男、小林芳春・二〇〇三年、小林芳春・二〇一二年）、しかもそれらは理学分析が行われている（平尾良光、西田京平・二〇一一、一二年、平尾良光・二〇一三年）。

図3　長篠古戦場で発見された鉄炮玉（新城市設楽原歴史資料館所蔵）

このうち、決戦場跡で発見された鉄炮玉は織田・徳川軍の、長篠城跡で発見されたものは武田軍のものではないかと思われるが、明確に区別することは困難である（鳳来町教育委員会・二〇〇四、〇五年、

出土位置	所　在	参考文献
新城市竹広字野路105-1	不明	研究紀要創刊号
新城市竹広字連吾276-1	長篠城址史跡保存館	研究紀要創刊号
新城市竹広字連吾276-1	長篠城址史跡保存館	研究紀要創刊号
新城市竹広字連吾276-1	新城市設楽原歴史資料館	研究紀要創刊号
新城市大宮字平田8-10	新城市設楽原歴史資料館	研究紀要創刊号
新城市大宮字平田8-10	新城市設楽原歴史資料館	研究紀要創刊号
新城市大宮字平田8-10	不明	研究紀要創刊号
新城市竹広字信玄原552	新城市設楽原歴史資料館	研究紀要創刊号
新城市竹広字信玄原552	新城市設楽原歴史資料館	研究紀要創刊号
新城市竹広字信玄原552	新城市設楽原歴史資料館	研究紀要創刊号
新城市竹広字信玄原552	新城市設楽原歴史資料館	研究紀要16号
連吾川右岸	新城市設楽原歴史資料館	研究紀要16号
石座山	愛知県埋蔵文化財センター	研究紀要16号
石座山	愛知県埋蔵文化財センター	研究紀要16号
石座山	愛知県埋蔵文化財センター	研究紀要16号
石座山	愛知県埋蔵文化財センター	研究紀要16号
石座山	愛知県埋蔵文化財センター	研究紀要16号
1次調査Ｖトレンチ	長篠城址史跡保存館	調査報告書
2次調査Ｃトレンチ	長篠城址史跡保存館	調査報告書
2次調査Ｅトレンチ	長篠城址史跡保存館	調査報告書
2次調査Ｅトレンチ	長篠城址史跡保存館	調査報告書
3次調査Ｅトレンチ	長篠城址史跡保存館	調査報告書
4次調査Ｄ～Ｖトレンチ	長篠城址史跡保存館	調査報告書
4次調査Ｄ～Ｖトレンチ	長篠城址史跡保存館	調査報告書
不明	長篠城址史跡保存館	調査報告書

紀要，調査報告書は巻末の長篠城跡発掘調査報告書を指す．また，網掛けは化学分

表３　長篠古戦場出土鉄炮玉一覧

No.	玉名	発見日	発見者	大きさ	重さ	材質
1	峯田玉	大正10年頃	峯田十光	—	—	鉛？
2	本多玉①	昭和37年8月	本田寿儀	9.8	5.1	鉛
3	本田玉②	昭和37年8月	本田寿儀	14.3	7.6	鉄？
4	本田玉③	平成3年12月2日	本田寿儀	11.2	8.0	鉛
5	山田玉①	平成4年1月26日	山田浅二郎	12.4	9.7	鉛
6	山田玉②	平成4年1月26日	山田浅二郎	11.8	6.2	鉛
7	山田玉③	平成4年1月26日	山田浅二郎	—	—	鉛
8	後藤玉	平成8年8月1日	後藤静香	14.9	17.5	鉛
9	熊谷玉①	平成9年11月18日	熊谷昇吾	11.1	7.3	鉛
10	高橋玉	平成12年	高橋梓	10.8	6.7	鉛
11	熊谷玉②	平成13年2月7日	熊谷昇吾	9.5	5.1	鉛
12	神真嶋玉	平成15年8月4日	神谷光希・真田晃次・嶋田直紀	12.4	9.0	鉛
13	石座山玉①	平成20〜23年	愛知県埋蔵文化財センター	11.9	9.4	鉛
14	石座山玉②	平成20〜23年	愛知県埋蔵文化財センター	12.0	9.1	鉛
15	石座山玉③	平成20〜23年	愛知県埋蔵文化財センター	11.9	8.0	鉛
16	石座山玉④	平成20〜23年	愛知県埋蔵文化財センター	11.6	9.1	鉛
17	石座山玉⑤	平成20〜23年	愛知県埋蔵文化財センター	11.2	6.6	鉛
18	長篠城玉①		長篠城	16.4	10.5	銅
19	長篠城玉②		長篠城	12.0	7.5	鉛
20	長篠城玉③		長篠城	11.5	6.9	鉛
21	長篠城玉④		長篠城	12.0	7.2	鉛
22	長篠城玉⑤		長篠城	14.2	8.7	鉛
23	長篠城玉⑥		長篠城	13.2	7.0	鉛と錫の合金
24	長篠城玉⑦		長篠城	12.4	7.8	鉛
25	長篠城玉⑧		長篠城	12.4	7.9	鉛

註：参考文献のうち，研究紀要は設楽原歴史資料館，長篠城址史跡保存館発行の研究
析が行われた鉄炮玉を示す．

新城市教育委員会・二〇〇六、〇七年）。このうち、織田・徳川軍のものとおぼしき、表3No.2〜6、8〜17を検討する。

長篠古戦場から出土した鉄炮玉の玉目（銃弾の重さを匁で表記したものをいい、大きいほど口径が大きくなる）をもとに、長篠合戦で使用された火縄銃の大きさを分析したものでは、すでに小林芳春氏の研究があるが、それを参考にしつつも、再検討を試みたい。小林氏は、鉄炮玉の腐食の度合いを二ミリと三ミリの二通りに想定して火縄銃の口径を算出している（表4）。

ところで、火縄銃は、口径と鉄炮玉の比率が適正でなければ、その威力に大きな差が出てしまう。すなわち、鉄炮玉が口径の大きさに近すぎると、鉄炮玉がつまりやすくなり、最悪の場合は暴発する危険がある。逆に小さすぎると、火薬の反発による推進力が弱まり、射程が短くなってしまう。そのため、鉄炮玉の大きさは口径との調整が重要であったとされ、その比率は、銃の口径に対して、一対〇・九八〇五（九八％）が適正であった（湯浅大司・二〇〇一年）。そこで本書では、小林氏が想定した腐食率をまったく考慮せず、現在の鉄炮玉の直径をもとに使用された火縄銃の口径（大きさ）を推定することとする。これにより、小林氏の推計値が最大値、本書のそれが最小値となり、本書の推計値は、織田・徳川軍の鉄炮の大きさについて、最も控えめな結果をはじき出していることになろう。まず、小林氏の推計値によると、最も多く装備されていたのは、四～五匁筒と四匁五分～六匁筒であり、三～四匁筒がそれに続くという（表4）。これに対して、長篠決戦場出土鉄炮玉の現状をもとに鉄炮筒の大きさを推計してみると、織田・徳川軍が装備していた火縄銃は、二匁五分筒から三匁筒のものが多くを占め、小さいものでは一匁五分筒から二匁筒、大きいものでは五匁五分筒というものがみられる（表5）。このように、信長が使用した鉄炮の大きさは、実に様々で、決して統一された規格のものではなかったことがわかる（このことは、信長による大量注文生産に基く旗本鉄炮衆や鉄炮衆編制という大方のイメージに再考を迫る事実といえよう）。これは、「諸手抜」の鉄炮、すなわち信長の家臣たちが個々に所持していたものを寄せ集めた事情を反映しているのではなかろうか。彼らは、個々の事情（財力や、それに対応して入手できた火縄銃の事情など）のもと、火縄銃を購入したのであろうから、その口径がまちまちになることは当然避けられない。しかし合戦場では、そうした大きさは一切問われず、同じ火縄銃という括りで鉄炮衆が編制された。そのため、恐らく個々の火縄銃ごとに、銃弾は個別に用意されねばならず（あらかじめ大きさの相違する鉄炮玉を複数、多量に用意することは困難）、また消費される弾薬の量も口径によって当然相

表4　長篠合戦で使用された鉄炮筒の推計（小林説）

玉の径	腐食2mm時の銃口	腐食3mm時の銃口	玉径から使用銃を推測
9.5 9.8 10.8	11.8 12.1 13.1	12.8 13.1 14.1	3～4匁筒→3挺
11.1 11.2(3個) 11.6	13.4 13.5 13.9	14.4 14.5 14.9	4～5匁筒→5挺
11.9(2個) 12.0 12.4 12.5	14.2 14.3 14.7 14.8	15.2 15.3 15.7 15.8	4.5～6匁筒→5挺
14.9	17.2	18.2	8～9匁筒→1挺

・発見玉はすべて白い粉で覆われ，布面を転がすとその白い粉が付着する．表面は腐食がかなりすすんでいる．
・外観は原型を保持しているという感じで，腐食は表面的．
・仮に腐食を表層1～1.5mmとして，径に対し2～3mmとした．

小林芳春「古戦場から出土した火縄銃の玉　その2」(『新城市設楽原歴史資料館・新城市長篠城址史跡保存館研究紀要』16号）より転載.

表５　長篠合戦で使用された鉄炮口径の推計（単位：㎜）

No.	玉名	大きさ	重さ	材質	推定口径	推定使用筒
2	本多玉①	9.8	5.1	鉛	10.0	1匁5分筒
3	本田玉②	14.3	7.6	鉄？	14.6	5匁筒
4	本田玉③	11.2	8.0	鉛	11.4	2匁5分筒
5	山田玉①	12.4	9.7	鉛	12.6	3匁筒
6	山田玉②	11.8	6.2	鉛	12.0	3匁筒
8	後藤玉	14.9	17.5	鉛	15.2	5匁5分筒
9	熊谷玉①	11.1	7.3	鉛	11.3	2匁5分筒
10	高橋玉	10.8	6.7	鉛	11.0	2匁筒
11	熊谷玉②	9.5	5.1	鉛	9.69	1匁5分筒
12	神真嶋玉	12.4	9.0	鉛	12.6	3匁筒
13	石座山玉①	11.9	9.4	鉛	12.1	3匁筒
14	石座山玉②	12.0	9.1	鉛	12.2	3匁筒
15	石座山玉③	11.9	8.0	鉛	12.1	3匁筒
16	石座山玉④	11.6	9.1	鉛	11.8	2匁5分筒
17	石座山玉⑤	11.2	6.6	鉛	11.4	2匁5分筒
18	長篠城玉①	16.4	10.5	銅	16.7	7匁筒
19	長篠城玉②	12.0	7.5	鉛	12.2	3匁筒
20	長篠城玉③	11.5	6.9	鉛	11.7	2匁5分筒
21	長篠城玉④	12.0	7.2	鉛	12.2	3匁筒
22	長篠城玉⑤	14.2	8.7	鉛	14.5	5匁筒
23	長篠城玉⑥	13.2	7.0	鉛と錫の合金	13.5	4匁筒
24	長篠城玉⑦	12.4	7.8	鉛	12.6	3匁筒
25	長篠城玉⑧	12.4	7.9	鉛	12.6	3匁筒

註：番号は，表３「長篠古戦場出土鉄炮玉一覧」に対応．
使用筒推定は，湯浅大司「火縄銃―口径と玉の関係について―」（『新城市設楽原歴史資料館・新城市長篠城址史跡保存館研究紀要』６号）による．

違したであろう。このことはまた、弾込めにかかる時間が、口径の違う火縄銃ごとに若干相違したであろうことを想定させるものである。これが鉄炮の集団射撃法にどのような影響を与えたかは、残念ながら定かではない。

しかしながら、三匁筒が最も多くを占めたという推計値は、極めて興味深い。なぜならば、戦国大名越前朝倉氏の本拠地一乗谷における鉄炮鍛冶の遺構から出土した鉄炮玉は、二匁五分筒ないし三匁筒と、一二匁筒ないし一三匁筒のものが多く、それが最も多く製造されたとみられるからである。ただ、戦国・織豊期の鉄炮の玉目は実に多様であったことが指摘されており（宇田川氏前掲著書）、傾向として三匁前後に集中することが推定されるが、結局は先学が説くように大小様々な口径の火縄銃が、長篠合戦に投入されたと結論づけられる。

鉄炮玉材料の原産地

さて、鉄炮玉が語るものは、火縄銃の大きさだけではない。実は、火縄銃に装塡された鉄炮玉の科学分析から、その材料である鉛の同位体比を測定することで、鉛の産地特定が可能である。それは、信長の鉄炮装備の由来を推定する重要な手掛かりともなるであろう。

長篠古戦場で発見された鉄炮玉のうち、科学分析の試料に用いられたのは、表3№4〜

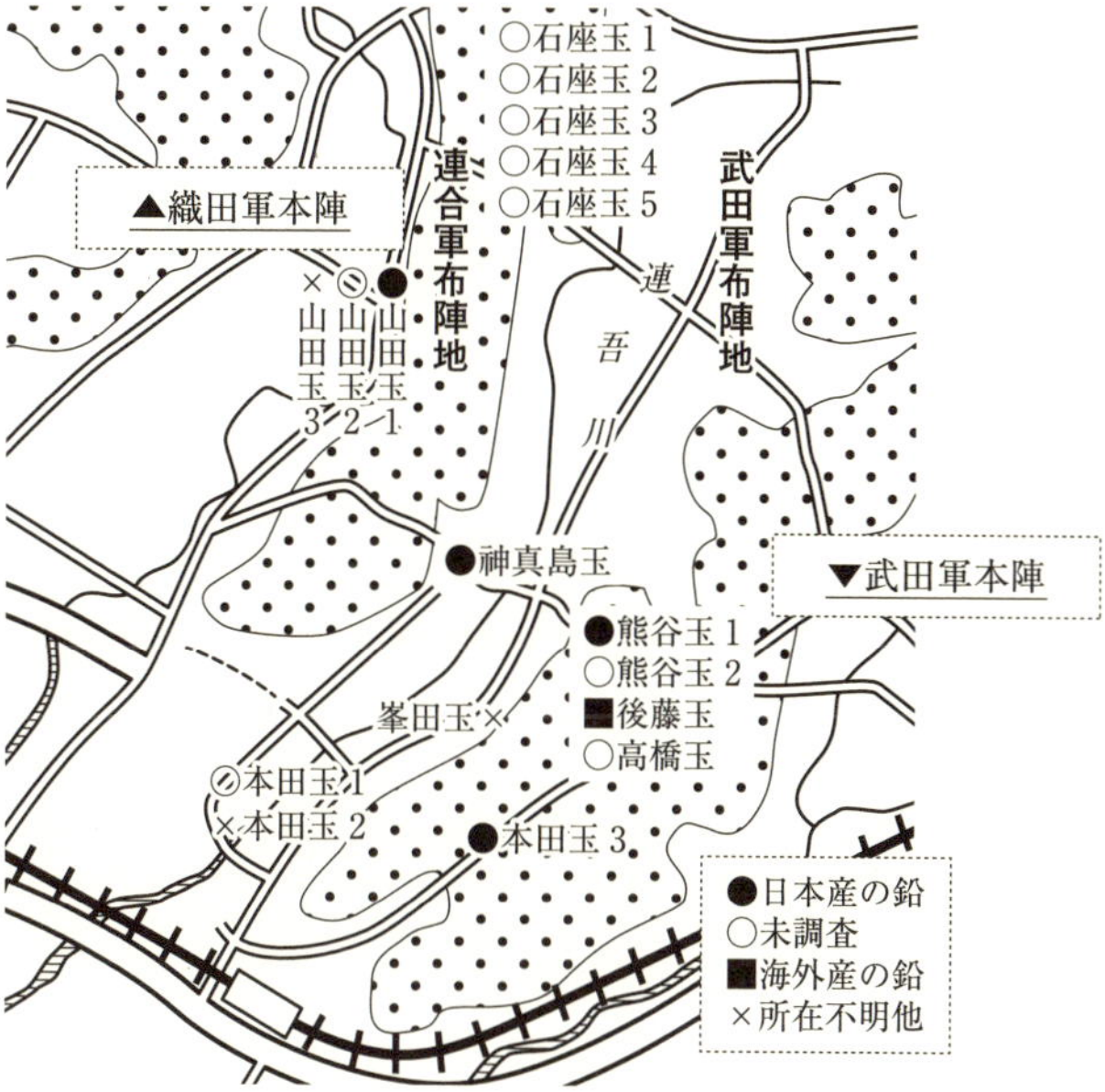

図４　長篠古戦場鉄炮玉出土場所位置図（小林芳春・2012年より）

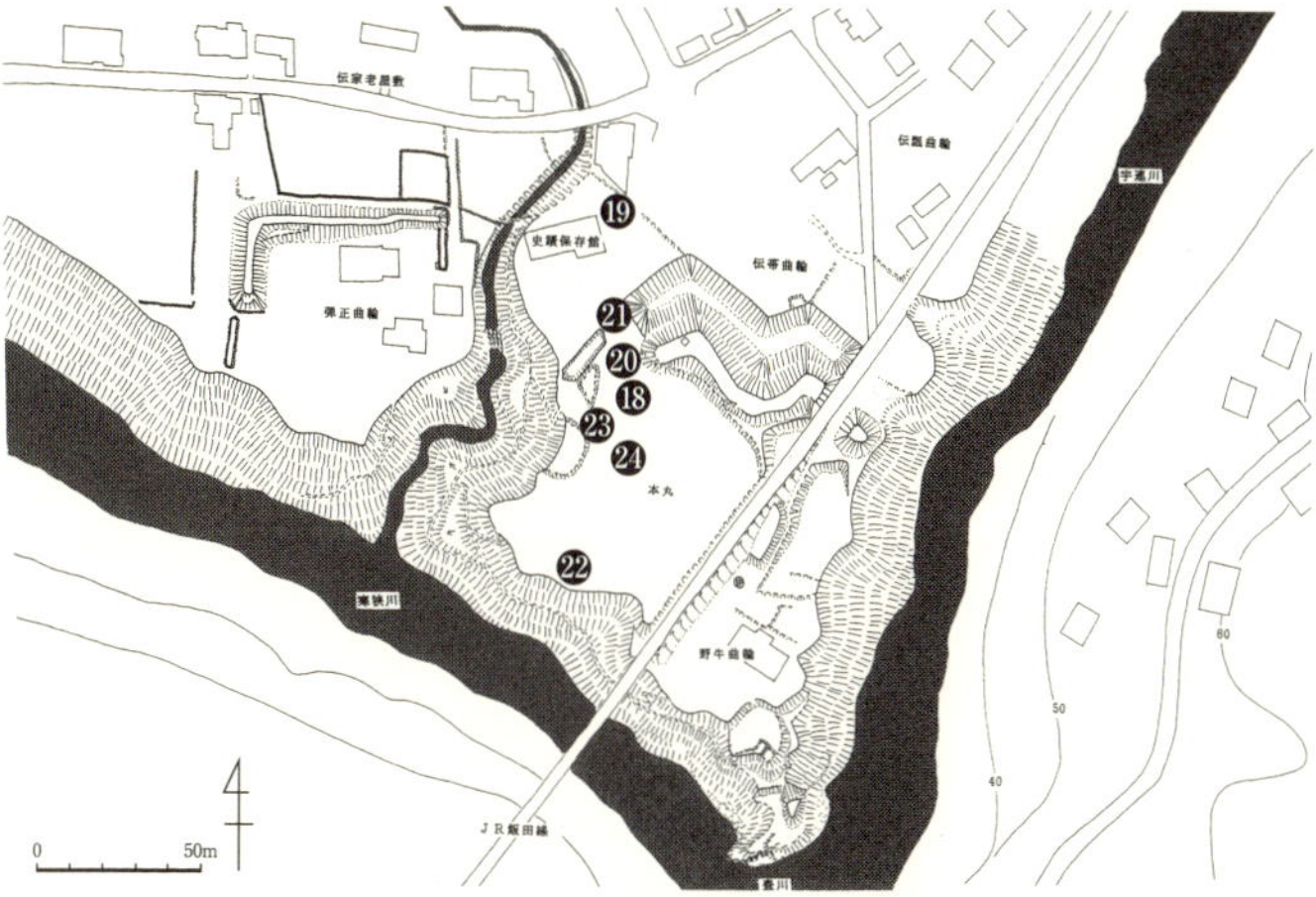

図５　長篠城跡鉄炮玉出土場所位置図（高田徹氏原図をもとに作成，一部推定を含む）

6、8~25の合計二一発である。いずれも長篠決戦場と長篠城跡から発見、発掘されたものだが、鉄炮玉はそれ自体の観察だけでは、いつの時代のものか判断出来ない。しかし、材料が鉛の場合、その同位対比分析で産地を割り出すことにより、製造された時代を推定することが可能となる（平尾良光・二〇一二年、平尾良光、西田京平・二〇一一年）。

まず、表3No.18・23を除き、ほとんどの鉄炮玉は鉛の含有量が九八%を超えており、鉛製であることが確実である。なお、表3No.18（長篠城跡一次調査Vトレンチ）は銅九九%の純銅製であり、鉛同位体比の分析対象から除外される。次の表3No.23（長篠城跡四次調査D~Vトレンチ）は、鉛と錫がそれぞれ五〇%ずつの合金である。

さて、表3No.4（本田玉③）、No.9（熊谷玉①）、No.5（山田玉①）、No.12（神真嶋玉）、No.20・21（長篠城跡二次調査Eトレンチ）、No.22（長篠城跡三次調査Eトレンチ）は、分析の結果、日本領域産の鉛であることがわかった。これに対し、表3No.24（長篠城四次調査D~Vトレンチ）は、N領域産の鉛である。さらに、表3No.18（長篠城跡一次調査Vトレンチ）、No.19（長篠城跡二次調査Cトレンチ）は、未知の日本鉱山産とN領域の鉛を混合した鉄炮玉であることが判明した。この他に、表3No.23（長篠城跡四次調査D~Vトレンチ）、No.25（長篠城跡出土・場所不明）は、中国華南産ないし朝鮮半島産の鉛である可能性が高いという。なお、平尾・西田両氏は、その後、長篠決戦場石座神社《いわくらじんじゃ》付近出土の鉄炮玉五点（表3№13〜17）を追加分析し、合計二〇点の科学分析を総括し、鉄炮玉の材料の鉛は、①日本産七〇％、②華南産二〇％、③N領域一〇％と結論づけた。つまり、織田・徳川・武田三氏が使用した鉄炮玉の材料は、おおよそ七〇％が国産の鉱山から産出された鉛、三〇％が輸入によって日本にもたらされた鉛であったのである。

このうち注目すべきは、N領域産の鉛が二点（合金二点を一点と勘定）存在することである。このN領域とは、未知の東南アジア鉱山産の鉛であることが指摘されてきたが、近年、タイの中部カンチャナブリー県にあるソントー鉱山産であることが確定された。しかも、鉛同位対比研究の成果によると、このN領域産（ソントー鉱山産）の鉛は、日本には室町時代前期まではまったく確認されず、突如戦国時代に登場するが、「鎖国」を境に忽然と姿を消してしまい、江戸時代の資料には一切見られなくなることが判明しており、確実に南蛮貿易によってもたらされたものと判断できる。長篠決戦場や長篠城跡出土の鉄炮玉の中に、南蛮貿易によってもたらされた鉛が存在したことは、鉄炮・火薬・鉛が外国からもたらされたことがあったことを文献史料以外で裏づけるものといえる。ポルトガル船のアジア交易に関する研究成果を参照すると、シャム（タイ）産の鉛一二〇トンが日本に運ばれたという記録があり、これは当時のポルトガル人のナウ船の平均積載量五〇〇トンの約四分の一を占めたという。また、イエズス会宣教師の手引きによって、大量の鉛がポルトガル人の商船により、有馬晴信《ありまはるのぶ》の領内口之津《くちのつ》港に搬入され、有馬氏に引き渡された記録もある（岡美穂子「ポルトガル船のアジア交易にみる金属取引」『日本史の研究』二三九号、二〇一二年）。これらは、鉄炮玉の鉛同位対比研究の成果と一致するもので、織田信長が堺を拠点に、南蛮貿易を通じて鉄炮などの武器を購入していたことは確実といえるだろう。

しかし、忘れてならないのは、それを上回る国産鉛の存在である。これは、織田・徳川・武田氏が、領国内のどこかに鉛を多数産出する鉱山を確保していた可能性を示す（もちろん他国からの購入も想定出来る）。ただし、先に紹介した平尾・西田両氏の分析によれば、日本産の鉛のうち、本田玉・熊谷玉・長篠城跡二次調査Eトレンチ三点の計五点は、同じ国内の鉱山から産出したものと推定されており、信長もしくは家康の領国のどこかに、大量の鉛を産出する鉱山があったのではなかろうか。後述するように、実は奥三河の山家三方衆《やまがさんぽうしゅう》の所領域には、鉛や銀を産出する場所があり、今後も検討が必要であろう。

また、年貢や公事として大名に鉛が納入されていた事例も知られている。天正十一年（一五八三）十二月一日、北条氏は伊豆国河津（静岡県賀茂郡河津町）の代官・百姓中に宛てて「なまりすな弐駄、鉛師幷松田兵衛大夫代が申す如く、これを取らすべきの旨、仰せ出さるるものなり」と指示しており（「武州文書」『戦北』二五九〇号）、河津には砂鉛が産出され、それゆえに北条氏の直轄領に編入されていた。しかも鉛の管理は厳重で、代官や河津郷では北条氏からの指示がない限り、提供することは厳禁されていた。また河津郷で産出される鉛は、代官立ち会いのもと、鉛師に直接手渡された模様である。彼は、鉄炮玉などの製造を担う鉛師とみて間違いなかろう。ただし、この砂鉛がどこで産出されたかは定かでない。河津には、縄地金山が存在しており、これとの関連が考えられるが詳細は不明である。いずれにせよ、国産の鉛は、砂鉛や鉱石として採取されたのであろう。ちなみに、武田領国には、金山は多数存在するが、鉛山は確認されていない。

以上のように、戦争が激化し、鉄炮の使用が年を追うごとに増加していた戦国・織豊期は、鉄炮玉の需要が拡大し、国産鉛では対応できず、輸入が推進されたわけであり、それは東南アジア産と中国華南地域、朝鮮半島からのものであった。そしてそのいずれもが、南蛮貿易によって日本に輸入された。この傾向は、長篠決戦場や長篠城跡などより出土した鉄炮玉の科学分析からも裏づけることが出来るのである。

武田氏と鉄炮

武田氏は鉄炮を軽視していたか

通説によると、武田氏は鉄炮の整備に不熱心であったが、長篠敗戦をきっかけに急遽それを改めたということになっている。この学説を最初に提示したのは、渡邊世祐氏であろう（渡邊氏前掲論文、一九三八年）。ところが意外なことに、武田氏と鉄炮に関する研究はほとんど存在せず、専論としては奥野高廣「武田氏と鉄炮」（『武田氏研究』五号、一九八九年）があるだけに過ぎない。

まず渡邊世祐氏の主張を紹介しよう。渡邊氏は、①戦国期の東国でも広く鉄炮が使用されていた形跡があり、武田氏もその例にもれないが、戦場で優越した効果を挙げたことがわかる記録は認められない、②武田氏には鉄炮隊はなかったとみられ、多くは単独の鉄炮使用で狙撃に用いられた、③これは鉄炮の利用よりも武田信玄の作戦や戦術が優っており、その勢力も偉大であったため、これにのみ依存していたことが背景にある、この点を後継者武田勝頼もそのまま引き継ぎ、鉄炮の有効な使用法を検討しなかった、④武田氏の鉄炮に対する態度は、信玄の晩年の最盛期においても、軍法を見ると鉄炮はむしろ軽んぜられ、鍛錬を怠っており、勝頼時代の軍法でも変更されることはなかった、⑤勝頼が鉄炮の有効利用を規定した軍法の創設に踏み切らなかったのは、信玄以来の勢力と宿将・勇将が多数健在であったため、これを恃みにしていたことと、勝頼自身が天正二年（一五七四）以来、高天神城攻略などもあり、信玄以上の戦上手を自認するようになっており、軍法や作戦・戦術・武具の選択ということにまったく注意を払わなかったためである、⑥武田氏の鉄炮使用は、長篠敗戦を契機に劇的な路線転換が行われた結果、ようやく奨励されるようになったが、すでに手遅れであった、などと指摘した。この考え方は、現在でも根強い通説的理解といえる。

奥野高廣氏は、弘治元年（一五五五）の第二次川中島合戦で武田信玄が鉄炮衆を投入した事実から、武田氏が新兵器である鉄炮の整備に着手したことは認めるが、それは「ある程度」という限定的なものだったと指摘した。その根拠として以下の点をあげる。①武田氏は、信玄の時代に自ら鉄炮の購入、製造を積極的に行った形跡がなく、②鉄炮や火薬・銃弾などの装備は、家臣達の自力に委ねるというのが原則で、それは彼らにとって重い負担となっていたはずである、③また国衆に加勢として「鉄炮放」（銃兵）の派遣を依頼している（これは武田氏自らが鉄炮を多数揃えていないためで、旗本鉄炮隊が未整備であると暗に主張しているとみられる）、④そればかりか、信玄は最後まで軍役定書に鉄炮の具体的な数量指定を明記せず、恐らく口頭の指示にとどめるといった消極性を示した、⑤武田勝頼は、長篠敗戦を契機に鉄炮不足の解消を家臣に呼びかけるが、鉄炮と玉薬そのものの購入、製造、確保は彼らの自弁に委ねる方針を変えなかったので、数量には限界があった、⑥結局、武田氏は旗本鉄炮足軽隊を編制し、日夜訓練を重ねる形式に進むべきであったのにそれをしなかった。そのうえで奥野氏は「甲斐武田氏の鉄砲に対する政策は、信玄も勝頼もその使用に積極さがなかったと結論されよう」と結んでいる。

果たして、渡邊・奥野両氏の指摘は正しいのだろうか。以下、この通説を検討していこう。

鉄炮の東国伝播と武田氏

武田氏が鉄炮を初めて知ったのは、『軍鑑』によると武田信虎時代だという。同書には「鉄炮ハ大永六年に井上身左衛門といふ四国牢人、信虎公へ奉公申、此侍鉄炮持来リおしへたりと申伝ふ、乍去まれなりときく」とあり、大永六年（一五二六）に四国から伝えられたが、極めて珍しい武器だったという。その後、信玄は、梶呂《かじろ》大膳《だいぜん》・又策《またさく》父子を召し抱え、さらに四国出身の佐藤《さとう》一甫斎《いっぽさい》という鉄炮の技術に精通した者を招き、家臣達に鍛錬をさせたという。とりわけ日向《ひなた》藤九郎《とうくろう》昌成《まさなり》（重臣日向大和守虎頭《とらあき》の子）と横田《よこた》十郎兵衛尉《じゅうろうべえのじょう》康景《やすかげ》（重臣横田《よこた》高松《たかとし》養子、原虎胤《はらとらたね》の実子）は筋がよく、名人といわれるほどの腕前になったとされる（『軍鑑』巻二、一六）。その後、『軍鑑』によれば、日向昌成は鉄炮を取り上杉方と戦っていたところを狙撃されて戦死したと伝わり、また横田康景は上野国和田城に籠城し上杉軍の攻撃を鉄炮で撃退したほか、北条《ほうじょう》氏康《うじやす》への援軍として派遣され、武蔵松山城攻めで鉄炮を使用し戦功をあげたと記されている。また信玄は、三河国衆水野氏に対し、鉄炮に甲斐の特産品木綿を添えて贈り、秘かに今川氏打倒のための工作を行ったと『軍鑑』に記されている（巻一二）。鉄炮が贈答品として珍重されていたことは、すでに多くの先学が指摘するところである（洞富雄『鉄砲—伝来とその影響—』思文閣出版、一九九一年、宇田川武久『鉄炮伝来—兵器が語る近世の誕生─』中公新書、一九九〇年など)。

また『北条五代記』などによると、関東に鉄炮が伝わったのは天文年間(一五三二〜五五)であったといい、小田原の玉瀧坊という山伏が、和泉国堺で鉄炮の存在を知り、一挺購入して北条氏綱《うじつな》に献上したのだという。しかもそれは、唐国から永正七年(一五一〇)に初めて渡来したものだと記されている。この時氏綱は、関東に比類ない宝だとして秘蔵し、その後関東の武士の間では、武家の宝とするのが流行したという。つまり実戦に投入されることはなかったというのである。その後、氏康が堺や根来《ねごろ》、岸和田から鉄炮鍛冶を招き、生産するようになったという。この他に、信濃国でも永正七年に渡来した鉄炮を村上義清《かみよしきよ》が五〇挺保持しており、武田信玄と対戦した上田原《うえだはら》の合戦に際して、初めて投入したという(『軍鑑』巻九)。いずれも、不思議なことに中国から伝来した鉄炮が存在したことで一致している。

ところで宇田川武久氏は、戦国期の早い段階に、日本に中国の火器が伝来していたという洞富雄氏らの学説には否定的で、そのため『軍鑑』や『北条五代記』などの記述は信頼が置けないと一蹴している。だが、果たしてこの鉄炮なるものが、中国で使用されていた火器である可能性が本当に皆無なのかは、なお慎重に検討すべきではなかろうか。宇田川氏は、「(洞富雄氏は―引用者註)天文十二年以前に中国から原始的手銃が伝来していたとも主張しながら、天文十二年以後、原始的手銃が忽然と消えてしまう理由を説明していない」と厳しく指摘しているが(宇田川武久『真説　鉄炮伝来』平凡社新書、二〇〇六年)、中国にも伝えられていたはずのポルトガル式の南蛮鉄炮が、なぜか中国ではさほど普及せず、むしろ文禄・慶長の役を契機に、日本から逆輸入のような形で伝播し、中国古来の火器をたちまち駆逐していったという近年の研究こそ、その理由の説明に示唆を与えるものではなかろうか。中国の明には、火器として大砲のほかに、鳥銃(鉄炮)、三眼銃、火箭などがあったといい、日本の火縄銃に相当する鳥銃は、銅を原料とした鋳造であったため、五～七発を発射すれば銃身が焼き付いて発火し、最悪の場合破裂のおそれがあったという。ところが日本の火縄銃は、鍛鉄製であったため、その心配がなく、連射の問題や射程などあらゆる点で、中国火器は日本の火縄銃の相手ではなかった。そのため明朝も、一六世紀には鳥銃の製造法を銅鋳造から鍛鉄法に切り替えたという(洞氏前掲書、久芳崇『東アジアの兵器革命―十六世紀中国に渡った日本の鉄砲―』吉川弘文館、二〇一〇年)。

このように、中国鉄炮が戦国初期の日本に伝来していたのに、それがさほど普及しなかったのは、まず北条氏綱のように珍重品で入手が極めて困難であることから、贈答品や自らの財力や武勇を示す威信財としてのみ扱われたためではないか。そして実戦に投入されなかった理由は、一挺が高価なわりには連射が利かず、場合によっては破損してしまうという脆弱性が費用対効果として問題となったためではないだろうか。しかしながら、ヨーロッパ産の火縄銃が日本に伝わり、それが急速に広まったのは、中国産の火器がすでに伝来、使用されていた下地があってこそだったとはいえないだろうか。今後の課題としたい。

猟師と鉄炮

ところで『軍鑑』によると、信濃国伊那郡・木曽郡や松本（筑摩郡）の猟師の間では、鉄炮を使用することが流行していたといい、信濃国衆らは彼らを銃兵として動員し、鉄炮を戦場に配備したという（巻九）。つまり戦国大名が兵器として装備するよりも早く、鳥獣を仕留めるのに弓矢よりも効果が大きい鉄炮の使用が、猟師に広まったというのである。このことは、すでに宇田川武久氏も指摘されているが、実は武田領国の猟師が鉄炮を保持していたという『軍鑑』の記事については、文書でも裏づけることが可能である。

それは天正元年（一五七三）四月二十日、越中から帰国の途上にあった上杉謙信が、信越国境の糸魚川《いといがわ》に着陣した時に起こった事件で、留守を守る上条政繁《じょうじょうまさしげ》・琵琶島弥七郎《びわしまやしちろう》・柿崎景家《かきざきかげいえ》らに宛てた書状に明記されている（「歴代古案」『上越』①一一四九号）。

信州諸口如何ニも無事ニ候、可心安候、小野主計助山中ニ鉄炮之音一つ鳴候とて、信玄打出候由申、諸軍江為恐怖候、此鉄炮者狩人之鉄炮之由申候、少も案間布候

この書状によれば、信越国境は静かで何事もないと思っていたところ、山中で銃声が鳴り響いた。それを聞いた家臣小野主計助《おのかずえのすけ》が「信玄が攻めてきた」と言ったので、全軍が恐怖に陥ったが、よく調べてみたら猟師が放った鉄炮だったため胸をなで下ろしたという。この史料から、戦国期の猟師が鉄炮を保持していたことは疑いない。

また天正二年（一五七四）四月、徳川家康は軍勢を率いて、遠江国犬居谷に攻め込み、武田方の有力国衆天野藤秀《あまのふじひで》を攻略しようとしたところ、折からの大雨で行軍に難儀し、兵粮も乏しくなったため撤退することとなったが、藤秀率いる軍勢に追撃され敗北を喫した。その時、藤秀に味方して徳川軍を苦しめた人々の様子が、『三河物語』に記録されている。

それによると、天野藤秀は、気多《けた》郷（静岡県浜松市天竜区春野町気田）から追撃に出陣し、途中、天野方の樽山城・光明城よりも兵が出て徳川軍の先回りをして待ちかまえた。さらに田能村や大窪村（同県森町）の郷人たちも天野軍に加わり、峰や谷、山の端、樹木や草の陰から突如現れては、矢を放ち、鉄炮を撃ちかけ、大声を上げたという。その郷人らは「しかりげ、猿皮空穂を付、し、矢をはめ」るという異形の身なりで、しかも五人、十人、

廿人、卅人ずつが神出鬼没な攻撃を仕掛けたと記録されている。「しかりげ」とは猪の皮で作った箙《えびら》、「猿皮空穂」とは猿の皮で上部を覆った空穂《うつぼ》、「し丶矢」は鹿矢のことを指し、いずれも猟師の装束である。つまり、藤秀とともに家康を悩ませた気多・田能・大窪村の人々の多くは、山の民であり、猟師としての性格を持っていたのである。そして彼らは、弓矢だけでなく、鉄炮をも保持しており、狩りで使用する道具を、合戦にあたっては敵を襲撃する武器として使用していたことが確認できる。

この他にも旧武田領国の甲斐では、天正十九年（一五九一）に豊臣大名加藤光泰《かとうみつやす》により鉄炮禁令が出されたが、熊・猿・鹿を撃つ猟師に限っては所持が認められ（「名取文書」山梨⑧四一号）、鉄炮所持の安堵状（「門西文書」甲州②一三一九号）などが発給されていた。これも猟師に鉄炮が普及していたことの証拠であろう。

以上のように、武田領国においては、山で生きる猟師ら山の民の間で、早くから弓矢を凌ぐ道具として鉄炮が普及していたのであり、武田氏の軍事力は、こうした狩人らをも裾野に置いており、いざというときには合戦に動員していたのである。

武田氏の鉄炮運用

これまでは、『軍鑑』など近世初期成立の軍記物をもとに、武田氏と鉄炮の関係を瞥見してきたわけだが、以下は武田氏の関係文書や記録に登場する鉄炮の記述を検討してみたい。そこで戦国大名武田氏の鉄炮政策に関わる史料をまとめたのが表6である。

確実な史料に、武田氏の鉄炮衆が登場する初見は、弘治元年（一五五五）である（表6№1）。以下、著名な『勝山記』『妙法寺記』の記述を紹介しよう。

アサヒノ要害エモ、武田ノ晴信人数ヲ三千人、サケハリヲイル程ノ弓ヲ八百丁、テツハウヲ三百カラ御入レ候

これは、弘治元年の第二次川中島の戦いにおいて、武田氏の調略に応じて、上杉方から離反し、信濃善光寺近くの旭山城（長野県長野市）に籠城した信濃国衆栗田《くりた》鶴寿《かくじゅ》を支援すべく、援軍三〇〇〇人、鉄炮三〇〇挺、弓八〇〇張を派遣したという記録である。しかも信玄がわざわざ派遣したのは、弓・鉄炮ともに、吊り下げた針にも命中させられるほどの名手を揃えたと喧伝されていたという。この鉄炮衆が、どのように編制されたものであったか（旗本鉄炮衆なのか否かなど）は判然としない。しかし、この当時の東国大名武田氏が、三〇〇挺の鉄炮を揃えていたことは特筆されるべきであろう。

ところで、火縄銃の運用に不可欠の玉薬と銃弾について、武田氏はどのように確保していたのか。それはほぼ同時期の文書が残されている（表6№2）。

内容摘要	所蔵先名	出典
アサヒノ要害エモ，武田ノ晴信人数ヲ三千人，サケハリヲイル程ノ弓ヲ八百丁，テツハウヲ三百カラ御入レ候	富士御室浅間神社	山梨⑥
一就塩硝銀下，分国之内一月馬三疋宛，諸役所令免許者也	諸州古文書	655
一越国西浜板垣為使罷越候時分，敵相揺之間相拚，負鉄炮疵奉公仕候事 一小谷城御本意之時分，於構際弓を涯分仕候，板垣具ニ言上故，以高白斎深志之御対面所江召出，無比類相拚之由御褒美候事	千野文書	549
一弓五張，一鉄放壱丁	武州文書	803
一弓五張，一鉄放壱挺	武州文書	804
今度鉄炮之薬・玉・矢・兵糧，和田へ於相届輩者	羽田文書	884
仍其地江為援，山宮其外鉄炮衆已下各相移候	丸山文庫	890
一弓四張，一鉄炮一挺	武州文書	892
約束之鉄炮衆五十人，急速ニ加勢憑入候	尊経閣文庫	899
一鉄炮壱挺	諸家古案集	4206
於寺内射弓放鉄炮之事	内閣文庫	1044
一拾五騎鑓六十本，此内可有弓鉄砲之事 一自当年来歳九月已前者，七騎鑓三十本之事 付，此内可有弓鉄放，又七騎之弓鑓も可為三十本之内	内閣文庫	1090
一馬武者具足甲之儀者，不及書載，手蓋・頰当・脛当，其外諸道具可着之事 付，射手幷自身放鉄炮人之頰当者，可為随意之事 一物主幷老者・病者之外，不可乗馬之事 付，依物主存分，右之外之人ニ候共，可加乗馬之事 一物主之外一切閉口之事 付，一手五騎・三騎宛，以奉行可下知 一武具之内別而弓・鑓・鉄炮等之用意簡要之事	内閣文庫	1198

表６　戦国大名武田氏の鉄炮関連文書一覧

No.	年号	西暦	月	日	史料名	宛所	対象地域
1	弘治元	1555			勝山記	—	信濃国
2	弘治３	1557	1	28	武田家朱印状写	彦十郎	?
3	—	—	—	—	千野靭負尉目安案	（武田氏奉行か）	信濃国
4	永禄５	1562	10	10	武田家朱印状写	大井左馬允殿	信濃国
5	永禄５	1562	10	19	武田家朱印状写	大井左馬允殿	信濃国
6	永禄７	1564	3	10	武田家朱印状	（欠）	上野国
7	（永禄７）	1564	4	26	武田信玄書状写	金丸若狭守殿・和田兵衛太夫殿	上野国
8	永禄７	1564	5	24	武田家朱印状写	大井左馬允入道	信濃国
9	（永禄７）	1564	6	13	武田信玄書状	遠山左衛門尉殿・同左近助殿	美濃国
10	永禄９	1566	9	21	武田家朱印状写	（欠）	?
11	永禄９	1566	11	11	穴山信君禁制写	久遠寺	甲斐国
12	永禄10	1567	7	1	武田家朱印状写	後閑伊勢守殿	上野国
13	永禄10	1567	10	13	武田信玄朱印状写	各江	全領国

一鉄炮数被持之人, 無油断悴者・小者等鍛錬尤候, 近日一向無其趣, 隣国之覚不可然之事 一同心被官之弓, 一月ニ一度宛令請待, 振舞之上稽古之事, 付条々		
一在城幷番手衆之貴賤, 具足・甲・手蓋・脛楯・弓・鉄炮・鑓・小旗・指物, 節々可被相改之事	駿河国新風土記	1396
一在城幷番手衆之貴賤, 具足・甲・手蓋・脛楯・弓・鉄炮・鑓・小旗・指物, 節々可被相改之事	桑名文書	1397
一烏帽子・笠を除て, 惣而乗馬・歩兵共ニ甲之事 （中略）弓・鉄炮肝要候間, 長柄・持鑓等略之候ても持参, 但有口上 一知行役之鉄炮不足ニ候, 向後用意之事 付, 可有薬支度, 但有口上 一鉄炮之持筒一挺之外者, 可然放手可召連之事	本間美術館所蔵文書	1461
一知行役之鉄炮不足ニ候, 向後用意之事 付, 可有薬支度, 但有口上 一鉄炮之持筒一挺之外者, 可然放手可召連之事	長泉寺所蔵文書	1462
一知行役之鉄炮不足ニ候, 向後用意之事 付, 可有薬支度, 但有口上 一鉄炮之持筒一挺之外, 可然放手可召連之事	小宮山文書	1463
（前略）弓・鉄炮管要候間, 長柄・持鑓等略之候ても持参, 但有口上 一知行役之鉄炮不足ニ候, 向後用意之事 付, 薬可有支度, 但有口上 一鉄炮之持筒一挺之外者, 可然放手可召連之事	武田家判物	4223
若尾増分之内弐十参貫三百三拾二文被下置候, 向後甲・咽輪・手蓋・脛楯・差物・馬介・鉄炮壱挺令支度, 可勤軍役	諸州古文書	1468
一鉄炮五挺, 一弓弐張	陽雲寺文書	1672
鉄炮之玉幷薬研之奉公可相勤之旨申候	中林文書	1777
一射手之事, 一鉄炮放之事　付玉薬之事	歴代古案	1939
仍塩硝三斤被懸御意候	小島文書	4237
塩硝五十斤進上候	歌田文書	2012

14	永禄12	1569	4	19	武田信玄判物写	左衛門太夫殿（穴山信君）	駿河国
15	永禄12	1569	4	19	武田信玄判物写	久能在城衆・番手衆	駿河国
16	永禄12	1569	10	12	武田家朱印状	市川新六郎殿	信濃国
17	永禄12	1569	10	12	武田家朱印状	海野衆・海野伊勢守殿・同名三河守殿	信濃国
18	永禄12	1569	10	12	武田家朱印状	小宮山丹後守	甲斐国
19	永禄12	1569	10	12	武田家朱印状	駒井肥前守殿	甲斐国
20	永禄12	1569	12	2	武田家朱印状	沢登藤三郎殿	甲斐国
21	元亀２	1571	3	13	武田家朱印状	兵庫助殿（武田信実）	甲斐国
22	元亀３	1572	閏１	9	武田家朱印状	（中林氏）	武蔵国
23	元亀３	1572	8	11	武田家朱印状写	葛山衆	信濃国
24	（元亀３）	1572	12	13	土屋昌続書状	□□兵衛尉殿	？
25	（元亀４）	1573	1	5	木曽義昌書状	甲府御陣所	信濃国

一馬武具者, 具足甲之儀者不及書載, 手蓋頬当□□腰当, 其外諸道具可着之事 付射手幷自身放鉄炮人之頬当者可為随意之事 一武具之内, 別而弓・鉄炮等之用意簡要之事 一鉄炮数被持候人, 無油断悴者・小者等鍛錬尤候, 近日一向無其趣, 隣国之覚悟不可然候事 一同心・被官之弓一月ニ一度宛, 令請待振舞之上, 稽古之事	諸州古文書	2202
一鉄炮之薬, 従大将陣配当之儀は勿論候, 雖然如近年者, 自然之時節欠乏候者, 則凶事之基候之条, 知行役相当ニ玉薬支度之事 一前々弓持候人可改, 同新弓之事, 付鑓持之内射手ニ成候者, 可停鑓之事	新編会津国風土記	2203
一馬武具者, 具足甲之儀者不及書載, 手蓋・頬当・脛楯・臑当, 其外諸道具可着之事 付, 射手幷自身放鉄炮人之頬当者可為随意之事 一武具之内, 別而弓・鉄炮等之用意管要之事 一鉄炮数被持候人, 無油断悴者・小者等鍛錬尤候, 近日一向無其趣, 隣国之覚悟不可然候事 一同心・被官之弓一月ニ一度宛, 令請待振舞之上, 稽古之事	武田家判物	4252
一鉄炮之薬, 従大将陣配当之儀者勿論候, 雖然如近年者, 自然之時節欠乏候, 則凶事之基ニ候之条, 知行役相当ニ玉薬支度之事 一前々弓持候人可改, 同新弓之事, 付鑓持之内射手ニ成候者, 可停鑓之事	武田家判物	4253
為音信, 矢之根幷塩硝領納	武家事紀	2205
自今以後, 鉄炮十挺・鑓十本致支度, 足軽廿人令扶助, 田中可致在城旨	坂本文書	補遺44
八幡城堅可相守事鉄炮之者召連, 厳重之御下知	大草文書	2452
此已前難置候鉄炮之玉薬幷御矢請取渡, 失念有間敷候	甲州古文書	2492
於自今以後者, 鉄炮玉薬共ニ相嗜, 然者遂在陣可走廻者也	黒沢文書	2542

26	元亀 4	1573	11	1	武田家朱印状	(欠)	全領国か
27	元亀 4	1573	11	1	武田家朱印状	浦野宮内左衛門尉殿	上野国
28	元亀 4	1573	11	1	武田家朱印状	駒井肥前守殿	甲斐国
29	元亀 4	1573	11	1	武田家朱印状	駒井肥前守殿	甲斐国
30	(天正元ヵ)	1573	11	14	武田勝頼書状写	奥平喜八郎殿(奥平信光)	三河国
31	天正 2	1574	10	晦	武田家朱印状	坂本兵部丞	駿河国
32	天正 3	1575	2	5	武田家朱印状写	佐野山孫六郎殿・望月三蔵殿	信濃国?
33	—	—	12	13	山県昌景証文写	孕石源右衛門尉殿	駿河国
34	天正 3	1575	10	27	小幡信真判物	黒沢源三殿	上野国

於自今以後者,鉄炮玉薬共ニ相嗜,然者遂在陣可走廻者也	高橋文書	2543
一当時鉄炮肝要候間,向後略長柄,撰器量之足軽,鉄炮持参,併可為忠節,以着到鑓数令糺明之上,鉄炮可帯来,様子後日可成下知之事 一弓・鉄炮無鍛錬之族,一切不可令持参之事 付向後者,於陳中節々以検使相改,弓・鉄炮有無鍛錬之族者,可有過怠之事 一貴賤共分量之外,鉄炮之玉薬支度,可為忠節之事	続錦雑誌	2555
一当時鉄炮肝要候間,向後略長柄,撰器量之足軽,鉄炮持参,併可為忠節,以着到鑓数令糺明之上,鉄炮可帯来,様子後日可成下知之事 一弓・鉄炮無鍛錬之族,一切不可令持参之事 付向後,於陳中節々以検使相改,弓・鉄炮有無鍛錬之族者,可有過怠之事 一貴賤共分量之外,玉薬之支度,可為忠節之事	秋田藩採集文書	2556
一鉄炮　可有上手歩兵放手,玉薬壱挺三百発宛可支度 一弓　上手之射手,うつほ矢弁根つる無不足支度すへし	君山合偏	2580
一鉄炮　可有上手歩兵之放手,壱挺ニ玉薬三百発宛可支度 一弓　上手之射手,弓うつほ矢弁根絃る無不足可支度	諸州古文書	2618
一鉄炮　可有上手歩兵之放手,壱挺ニ玉薬三百放宛可支度	安藤文書	2645
一鉄炮　可有上手歩兵之放手,一挺ニ玉薬三百放宛支度すへし 一弓　上手之射手,うつほ・矢根・弦無不足支度すへし	飯島家所蔵文書	2646
一鉄炮　可有上手歩兵之放手,壱挺ニ玉薬三百放宛可支度	甲斐国志草稿	2647
一鉄炮　可有上手歩兵之放手,壱挺ニ玉薬三百放宛可支度	真下家所蔵文書	補遺46
一鉄炮　付,上手歩兵之放手たるへし,玉薬一挺ニ三百放宛可支度 一弓　付,上手之射手,うつほ弁根弦無不足可支度	反町氏所蔵文書	2654

35	天正３	1575	10	27	小幡信真判物	高橋十左衛門尉殿	上野国
36	天正３	1575	12	16	武田家朱印状写	小泉総三郎殿	信濃国
37	天正３	1575	12	16	武田家朱印状写	（欠）	?
38	天正４	1576	2	7	武田家朱印状写	小田切民部少輔殿	信濃国
39	天正４	1576	3	27	武田家朱印状	大日方佐渡守殿	信濃国
40	天正４	1576	5	12	武田家朱印状	小尾新四郎殿	甲斐国
41	天正４	1576	5	12	武田家朱印状	初鹿野伝右衛門尉殿	甲斐国
42	天正４	1576	5	12	武田家朱印状	大久保平太殿	甲斐国
43	（天正４）	1576	5	12	武田家朱印状	山本十左衛門尉殿	甲斐国
44	天正４	1576	5	19	武田家朱印状	市河助一郎殿	甲斐国

右七人自今以後郷次之御普請役被成御赦免畢,然者鉄炮玉調法之奉公無疎略様可被申付之由,被仰出者也	諏訪文書	2655
一鉄炮　付,上手可為歩兵之放手,玉薬一挺ニ三百放宛可支度	別本歴代古案	2658
其方同心之鉄炮足軽十人為扶助御給分	坂本文書	補遺47
一其方同心,弓・鉄炮之稽古,不可有油断旨可被申付之事	小浜文書	2806
一鉄炮　上手歩兵可放手,玉薬壱挺三百放宛可支度之 一弓　上手射手,うつほ・矢並・控弦無不足可支度之	岸和田藩志	2810
一近年大略在陣,各雖為労苦,武具等麗美被相調,不嫌夜白,一左右次第出陣之事 付,鉄炮之玉薬放手,用意之事	市ヶ谷八幡神社旧蔵文書	2837
一近年大略在陣,各雖為労苦,武具等麗美被相調,不嫌夜白,一左右次第出陣之事 付,鉄炮之玉薬放手,専用意事	判物証文写	2838
一近年太略在陣,各雖為労苦,武具等麗美被相調,不嫌夜白,一左右次第出陣之事 付,鉄炮之玉薬放手,専用意事	諸家文書纂	2839
為宗勇兵等,蒙鉄炮矢疵輩一百余	甲斐国志	2898
一鉄炮　可有上手放手,玉薬壱挺ニ三百数宛支度すへし 一弓　上手討手,うつほ矢弁根支度有へし	甲州古文書	3014
一鉄炮　可有上手放手,玉薬壱挺ニ三百放宛可支度 一弓　可有上手射手,矢うつほ弁根つる無不足可支度申	島津文書	3015
一鉄炮　可有上手放手,玉薬壱挺ニ三百放宛可支度	新編会津風土記	3016
乗馬・甲・立物・持小旗・鉄炮・弓・持鑓・長柄等之道具,軍役可相勤者也	諸家文案集	3019
一鉄炮之玉薬調次第可指越之事	諸州古文書	3188

45	天正4	1576	5	21	武田家朱印状写	内記内記助殿	駿河国
46	天正4	1576	5	25	武田家朱印状写	大滝宮内右衛門殿	信濃国
47	天正5	1577	3	10	武田家朱印状	坂本兵部丞	駿河国
48	天正5	1577	5	10	武田家朱印状	小浜民部左衛門尉殿	駿河国
49	天正5	1577	5	26	武田家朱印状写	岡部次郎右衛門殿	駿河国
50	(天正5)	1577	閏7	5	武田家朱印状	(欠)	?
51	(天正5)	1577	閏7	5	武田家朱印状写	(欠)	?
52	(天正5)	1577	閏7	5	武田家朱印状写	三浦右馬助殿	駿河国
53	天正5	1577	12	5	諏訪神社棟札銘写	—	甲斐国
54	天正6	1578	8	23	武田家奉行連署証文写	西条治部少輔殿	信濃国
55	天正6	1578	8	23	武田家奉行連署証文	島津左京亮殿	信濃国
56	天正6	1578	8	23	武田家奉行連署証文写	原伝兵衛殿	信濃国
57	天正6	1578	8	23	武田家奉行連署証文写	伊藤右京亮殿	信濃国
58	天正7	1579	11	2	武田家朱印状写	跡部美作守殿・小原丹後守殿・青沼助兵衛尉殿・以清斎	全領国

一鉄炮之玉薬, 如先書立入于念, 青沼助兵衛尉調之事	諸州古文書	3194
北玉村之儀, 寄居取立, 弓・鉄炮足軽を相集, 堅固之備肝要候	宇津木文書	3224
鉄炮薬抹奉行	小幡文書	3304
一竹火縄之事, 付, 本棟別帳を以, 一人ニ三十ひろ宛	楓軒文書纂	3305
一新為御軍法, 鉄炮持一切ニ御普請御赦免たるへき之由被仰出候間, 如何様にも過分ニ相調候様ニ肝煎尤ニ候	等々力文書	3400
一鉄炮之玉拾万可求之事, 付, 跡部淡路守・羽中田・鮎沢可令談合事	巨摩郡古文書	3414
一向後其領分御検使之儀可被閣之, 但諸郷御一統之御検地有之者, 増分之内弐万疋者, 可為在城領, 其外者有鉄炮加増, 可被勤軍役事	西条文書	3570
自在所鉄炮十挺召寄被走廻候, 借儀一切可被成御赦免之由	新編会津風土記	3668
畢竟武具之調, 鉄炮□□《(玉薬)》等之支度専一候	大竹文書	3692
如輸札去年相憑候鉄炮, 如存分ニハ無之候へ共	源喜堂古書目録	3836
鉄炮玉之御用ニ候, 悪銭有之儘可被納候	富士御室浅間神社文書	3758
一今以鉄炮可打企在之事	上毛諸家所蔵古文書	3715
一自敵方鉄炮幷鉄無相違出之候者, 弐百疋・三百疋之夫馬可遣之事	判物証文写	3917
爰元ニ而薬研被仰付候鍛冶にて候, 依之くろかね為求指越候	小島氏所蔵文書	3956
一如積鉄炮支度之事, 一知行役之鉄炮薬ハ専用意之事, 一馬専嗜之事, 一道具三本所持之人, 二本三間柄, 一本持鑓, 或ハ鉄炮・弓たるへき事一道具一本之衆者, 何も三間柄たるへきの事, 付弓・鉄炮	判物証文写	3774
鉄炮衆, 弓衆, 馬之衆	狩野文書	3972

（『武田氏研究』45号所収）, 山梨⑥は『山梨県史』資料編６中世３上県内記録を指す.

59	天正 7	1579	11	16	武田家朱印状写	跡部美作守殿	全領国
60	天正 7	1579	12	28	北條高廣判物	宇津木左京亮殿	上野国
61	天正 8	1580	閏 3	14	武田家朱印状写		甲斐国
62	天正 8	1580	閏 3	14	穴山信君朱印状写	佐野越前守殿	甲斐国
63	（天正 8）	1580	8	11	仁科盛信書状	等々力次右衛門尉殿	信濃国
64	（天正 8）	1580	8	27	武田家朱印状写	秋山下野守殿	上野国
65	天正 9	1581	6	21	武田家朱印状	西条治部少輔殿	信濃国
66	天正10	1582	3	1	武田家朱印状	浦野民部右衛門尉殿	上野国
67	—	—	2	10	武田勝頼書状	浦野宮内左衛門尉殿	上野国
68	—	—	4	23	穴山信君書状	原刑部左衛門尉殿	?
69	—	—	6	11	武田家朱印状	御室神主	甲斐国
70	—	—	7	1	武田勝頼朱印状写	玄蕃頭殿	駿河国
71	—	—	9	晦	穴山信君条書写	松木与左衛門尉他	駿河国
72	—	—	12	18	青沼忠重書状	跡部淡路守殿	上野国
73	—	—	—	—	武田家朱印状写	（欠）	全領国
74	—	—	—	—	武田信玄旗本衆陣立書	—	—

註：出典の数字は『戦国遺文武田氏編』の文書番号，補遺は『戦国遺文武田氏編補遺』

一就塩硝銀下、分国之内一月馬三疋宛、諸役所令免許者也、仍如件

奏者　秋山市右衛門尉

弘治三年丁巳

正月廿八日　　彦十郎

ここにみえる塩硝は、煙硝のことであり、火薬や硫黄などと混ぜ合わせて鉄炮の火薬を製造するのに欠かせない原料である。この塩硝が輸入品なのか、それとも国産のものであるのかは判然としないが、これを専門に扱う商人がおり、これに関銭などの諸役を馬三疋分免除することで積極的に招き入れようとしていることがわかる。また「銀下」とは鉛のことを指すとみられ、塩硝と鉛の確保に武田氏が早くから努力していた様子がかいま見えよう。このような史料は東国大名では極めて早いものである。残念ながら、彦十郎なる人物が武田領の甲斐・信濃の商人なのか、他国商人なのかは判然としない。

いっぽうで、信濃衆（諏方衆）の千野《ちの》靱負尉《ゆきえのじょう》が武田氏に提出した目安案によると、千野は弘治三年（一五五七）ごろ、武田重臣板垣《いたがき》信憲《のぶのり》の使者として越後国西浜（新潟県糸魚川市）に赴いたが、その際に敵軍と遭遇し、鉄炮で撃たれて負傷したという（表6№3）。これは武田氏が装備したものではなく、上杉謙信もしくは上杉方の国衆らが保持していたも

のと思われるが、実戦に鉄炮が投入されていたことがわかる。弘治期には、武田氏だけでなく、上杉（長尾）氏など東国大名に鉄炮は広まり、実戦に使用されていたことが判明する。

その後、武田氏は家臣達に軍役を賦課するにあたって、鉄炮の装備を指示するようになる。これは永禄五年（一五六二）を初見とする（表6№4・5）。武田氏の軍役賦課について、現在知られている軍役定書をもとに一覧表にしたのが表7である。

表7をもとに、弓・鉄炮を携行する家臣を対象にして、その軍役員数に占める弓・鉄炮の割合を見てみると、次のような特徴が認められる。弓は家臣一一人（うち島津泰忠のみ数量不明のため除く）が賦課されており、それは一一人の軍役員数総数三三六人に対して、弓は四〇人（張）となり、軍役員数に占める割合は約一一・九％となる。鉄炮は、家臣一八人が賦課されており、その軍役員数総数三八一人に対して、四一人（挺）で、軍役員数に占める割合は約一〇・七％となり、弓とほぼ同じである。参考のため、上杉氏の場合を紹介すると、天正三年（一五七五）の「上杉氏軍役帳」では、軍役員数総計五五一四人に対して、鉄炮は三一六挺を数え、その割合は約五・七％である。ちなみに、「上杉氏軍役帳」には、弓がわずか五張（山浦国清のみが負担）しか登録されていないのが特徴で、こ

騎馬	持鑓	長柄	弓	鉄炮	小旗持	指物持	持道具	甲持	具足	手明	出典1	出典2
—	—	—	—	—	—	—	—	—	40	—	戦武742号	県外1782号
—	2	30	5	1	1	1	—	1	—	4	戦武803号	県外913号
5	—	31	5	1	1	—	2	—	—	—	戦武804号	県外914号
4	—	18	4	1	1	1	3	1	—	5	戦武892号	県外915号
1	1	1	—	1	1	—	—	—	—	—	県外441号	県外441号
7	23	—	—	—	—	—	—	—	—	—	県外273号	県外273号
1	—	—	—	1	—	—	—	—	—	—	戦武1468号	県内223号
3	5	10	2	5	3	—	—	—	—	—	戦武1672号	県外387号
15	45	—	—	—	10	—	—	—	—	—	県外273号	県外273号
1	1	1	—	—	1	—	—	—	—	—	戦武1788号	県外308号
6	6	〈19〉	6	6	3	—	—	—	—	—	戦武2580号	県外1733号
—	2	4	1	1	1	—	—	—	—	—	戦武2618号	県外1669号
—	1	—	1	—	1	—	—	—	—	—	戦武2639号	県内312号
—	1	—	—	1	—	—	—	—	—	—	戦武2645号	県外3121号
—	5	—	1	1	1	—	—	—	—	—	戦武2646号	県内467号
—	1	1	—	1	1	—	—	—	—	—	戦武2647号	県内1405号
—	1	2	—	1	1	—	—	—	—	—	戦武補遺46号	—
1	2	6	1	2	1	—	—	—	—	—	戦武2654号	県外1009号
1	2	1	—	1	1	—	—	—	—	—	戦武2658号	県外138号
9	15	21	10	10	5	—	—	—	—	—	戦武2810号	県外3086号
4	4	12	4	5	3	—	—	—	—	—	戦武3014号	県外63号
1	?	4	?	1	1	—	—	—	—	—	戦武3015号	県外1763号
1	1	1	—	1	1	—	—	—	—	—	戦武3016号	県外700号
1	—	1	—	—	—	—	—	—	—	—	戦武3017号	県外1684号
—	—	1	—	—	—	—	—	—	—	—	戦武3018号	県外1613号

同日付の武田家印判状の数値．また島津泰忠の上司貫高は，天正６年７月27日の
世１県内文書，『県外』は『山梨県史』資料編５中世２県外文書，『戦武』は『戦
号所収）を示す．

表7　戦国大名武田氏の軍役定書一覧

No.	年号	西暦	月	日	家臣名	区分	上司	定納(定所務)	総計
1	永禄4	1561	5	10	桃井六郎次郎	信濃衆	—	177貫240文	40
2	永禄5	1562	10	10	大井高政	信濃衆	—	—	45
3	永禄5	1562	10	19	大井高政	信濃衆	—	—	45
4	永禄7	1564	5	24	大井高政	信濃衆	—	—	38
5	永禄9	1566	9	21	(宛名欠)	?	—	—	〈5〉
6	永禄10	1567	7	1	後閑信純	上野衆	—	—	〈30〉
7	永禄12	1569	11	2	沢登藤三郎	甲斐衆	—	(増分)23貫332文	〈2〉
8	元亀2	1571	3	13	武田信実	親類衆	—	※397貫350文	〈28〉
9	元亀2	1571	10	1	後閑信純	上野衆	—	—	〈70〉
10	元亀3	1572	2	5	下源五左衛門尉	上野衆	—	35貫文	〈4〉
11	天正4	1576	2	7	小田切民部少輔	信濃衆	—	—	46
12	天正4	1576	3	27	大日方佐渡守	信濃衆	—	—	9
13	天正4	1576	5	2	古屋八左衛門	甲斐衆	—	—	3
14	天正4	1576	5	12	小尾新四郎	甲斐衆	—	—	2
15	天正4	1576	5	12	初鹿野伝右衛門尉	甲斐衆	—	—	8
16	天正4	1576	5	12	大久保平太	甲斐衆	—	—	4
17	天正4	1576	5	12	山本十左衛門尉	甲斐衆	—	—	5
18	天正4	1576	5	19	市川助一郎	甲斐衆	—	—	〈12〉
19	天正4	1576	5	25	大滝宮内右衛門	信濃衆	—	—	〈5〉
20	天正5	1577	5	26	岡部正綱	駿河衆	2465貫文	968貫285文	〈70〉
21	天正6	1578	8	23	西条治部少輔	信濃衆	1450貫文	451貫300文	〈32〉
22	天正6	1578	8	23	島津泰忠	信濃衆	(875貫文)	120貫400文	20
23	天正6	1578	8	23	原伝兵衛	信濃衆	—	49貫700文	〈5〉
24	天正6	1578	8	23	玉井源右衛門尉	信濃衆	—	21貫文	〈2〉
25	天正6	1578	8	23	勝善寺順西	信濃衆	36貫文	11貫400文	〈1〉

註：—は記述なし．〈　〉内の数値は軍役定書の総計．※の武田信実の定納貫高は，島津泰忠知行書立目録による．出典のうち，『県内』は『山梨県史』資料編4中国遺文武田氏編』，『戦武補遺』は『戦国遺文武田氏編補遺』（『武田氏研究』45

れは上級家臣には弓よりも鉄炮の調達をさせていた結果とみられる。また、北条氏の場合をみると、軍役員数総計の中で占める割合は、鉄炮が三八％、弓が三・四％である。北条氏も弓から鉄炮への転換を図っていたものであろう。

このように、現存する軍役定書を見る限り、武田氏が軍役として家臣に賦課し、準備させた鉄炮の数量は、東国大名の中では、北条氏には遠く及ばないが、上杉氏よりも割合が多いといえ、巷間で流布されている説ほど導入率が低くはなかったのであり、むしろ、家臣に対して鉄炮の装備を積極的に行うよう繰り返し指示している。そしてそれは知行貫高（定納貫高）に応じた「知行役之鉄炮」という原則だったのである（表6№16〜19）。そうであれば、弓・鉄炮ともに、知行貫高との対応関係があるはずで、特に鉄炮は、武田氏の軍役定書に「知行役之鉄炮」「知行役相当之玉薬」「分量之外、鉄炮玉薬支度」などの記載があることから、確実であるものの、表7を検討しても残念ながら傾向を把握できない。このことについて、桐野作人氏は武田家中では長篠敗戦後、鉄炮の軍役強化がなされ、それは「長篠前では知行八〇貫文前後で鉄炮一挺が、長篠後には五〇貫文に一挺と鉄炮軍役が重くなっている」と指摘しているが（桐野作人・二〇一〇年）、弓・鉄炮の定量的動員の実態の究明は今後の課題である。しかし、奥野氏の主張するように、口頭による指示とか、定量的賦課は実在しなかったということがありえないことは確認できる。

武田氏の鉄炮衆編制

武田氏は、弘治元年（一五五五）の川中島合戦を初見に、鉄炮衆の編制を行っており、重要な戦線に集中配備されていたと推察される。この時鉄炮衆が派遣された旭山城は当時、武田氏と長尾景虎（上杉謙信）との合戦の最前線にあたっていた。また永禄七年（一五六四）三月、武田信玄は上野国和田城（群馬県高崎市）に鉄炮の弾丸・玉薬、矢、兵糧の搬入を試み、これを実現できた者には褒美を与えるとしている（表6№6）。和田城は、上野国における武田方の拠点として重視され、武田氏が大改修を加えて、城主和田業繁《わだなりしげ》のもとへ重臣金丸若狭守忠経《かなまるわかさのかみただつね》らを派遣していた。上杉方による攻撃が十分予想されたからであり、事実、永禄七年三月九日、和田城は上杉軍の猛攻を受けたが、これを退けている（「三州寺社文書三」『上越』①三九五号）。信玄は、翌四月、和田城支援のため、武田一族山宮右馬助《やまみやうまのすけ》らと鉄炮衆を派遣している（表6№7）。

また、永禄十～十二年（一五六七～六九）頃のものと推定される武田信玄旗本陣立書（図6）をみると、鉄炮衆として城和泉守景茂《じょういずみのかみかげもち》・本郷八郎左衛門尉《ほんごうはちろうざえもんのじょう》・曽禰七郎兵衛《そねしちろべえ》・落《おち》合市丞《あいいちのじょう》・小幡又兵衛昌盛《おばたまたべえまさもり》・玉虫助大夫定茂《たまむしすけだゆうさだしげ》・関甚五兵衛《せきじんごべえ》・今井九兵衛昌茂《いまいきゅうべえまさしげ》・六嶋兵右《ろくしまへいう》衛門尉守勝《えもんのじょうもりかつ》・甘利郷左衛門尉信康《あまりごうざえもんのじょうのぶやす》が登録されており、彼らが鉄炮放を率いた指揮官で

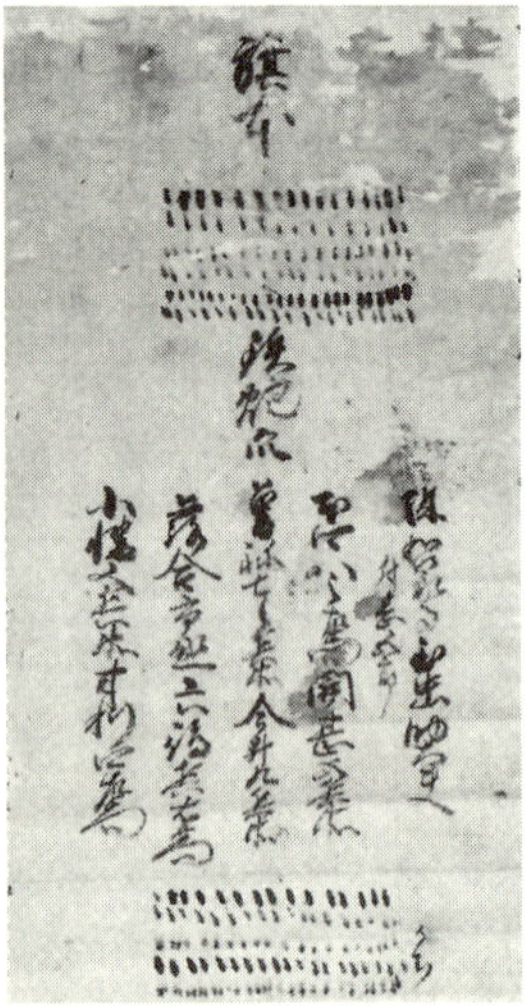

図6　武田信玄旗本陣立書（山梨県立博物館所蔵）

あることがわかる（黒田基樹「戦争史料からみる戦国大名の軍隊」小林一岳、則竹雄一編『（ものからみる日本史）戦争Ⅰ・中世戦争論の現在』青木書店、二〇〇四年所収、拙稿「武田氏の知行役と軍制」平山優、丸島和洋編・二〇〇八年所収）。ここで興味深いのは、永禄十年に武田信玄が家臣達に提出させた「生島足島神社起請文」（図7）である。このうち城景茂・今井昌茂・玉虫定茂・六嶋守勝・甘利信康は一紙起請文を作成し、永禄十年八月七日付で連署し、奉行吉田《よしだ》信生《のぶなり》・浅利《あさり》信種《のぶたね》に提出している（「生島足島神社文書」『戦武』一一五一号）。現在、この五名の起請文の包紙の上書には「庭谷」とあり、上野国庭谷《にわや》城を守っていた「庭谷衆」のように思われるが、実は江戸時代に作成された「生島足島神社起請文」の写本である「誓詞人数覚」によると、彼らの起請文はもとは「鉄炮衆」という包紙に納められていたことが判明し、現在の包紙は、ある時に誤って取り違えられたものなのである（「小平文書」『信玄武将の起請文』信毎書籍出版センター、一九八八年所収）。

図7　生島足島神社起請文（生島足島神社所蔵）

つまり、武田信玄旗本陣立書が城景茂・甘利信康らと鉄炮衆の関係を、指揮官と配下と記しているのは、事実を伝えていることがわかる。従って、武田氏の鉄炮衆の中には、旗本鉄炮衆が確かに編制されていたと推察される。

川中島合戦や、上野国和田城に派遣された援軍の鉄炮衆が旗本鉄炮衆であるかどうかは定かでないが、通常の鉄炮衆は、どのように編制されたのであろうか。この点について、永禄七年（一五六四）六月、武田信玄が東美濃の遠山景任《とおやまかげとう》（岩村城主）・同直廉《なおかど》（苗木城主）兄弟に宛てた書状は示唆的である（表6№9）。

この書状は、遠山兄弟のもとに派遣されていた重臣秋《あき》山万可斎《やままんかさい》が帰国、復命したことを受けて出されたものである。信玄は遠山氏が尾張（織田信長）、金山（兼山〈岐阜県可児市〉、斎藤方か）と入魂であることを喜び、上杉謙信が信濃に出兵してきたとの情報を得たので、事実ならば一戦する覚悟なので、ただちに約束の鉄炮衆五〇人を加勢として派遣して欲しいと申し入れている。ただし信玄は、井口（斎藤龍興《さいとうたつおき》）が金山を攻めようとしているとの情報があるので、遠山直廉も武田軍支援のため出陣の準備中だと聞いているが、用心のため残留するのが適当だから、志はありがたいが出陣を延期するよう求めている。

このように何らかの事情で、自身は軍勢を率いて参陣しない家臣に対して、武田氏が鉄炮衆の派遣のみを要請するという方法は、長篠合戦時に織田信長が長岡藤孝らに要請したものとまったく同じである。武田氏は、出陣にあたって、参陣を命じる家臣と残留する者とを厳密に区分していた。この時に、境目の城砦や本領などに残留する家臣に対して、彼らが所持する鉄炮と鉄炮放（銃兵）のみを「加勢」として派遣を要請したのであろう。

また、参陣を命じられた家臣達は、軍役定書によって賦課された知行役（知行貫高に応じた軍役）の人数と武装を支度して、武田軍の陣営に加わった。この時、知行役として動員された鉄炮は、戦場に到着すると、着到帳に記され点検が済めば、主人から引き離され、鉄炮だけで編制されたものと考えられる。このように武田氏の鉄炮衆は、旗本鉄炮衆、「加勢」の鉄炮衆、知行役の鉄炮衆という方法で戦場に集められ、鉄炮衆だけで部隊が編制されたのであろう。このように、武田氏の鉄炮衆も、原則として「諸手抜」により編制されたものと考えられる。

武田氏と鉄炮について検討を加えた奥野高廣氏は、旗本鉄炮衆の編制と充実こそ、織田信長だけがなしえた先進的な方法であり、それをなしえなかった武田氏は古い考え方だったと言いたいようだが、そもそも信長が編制した旗本鉄炮衆がどれほどの規模であったかは、ほとんどわかっていないし、まったく証明されていない。また武田氏にも、旗本鉄炮衆が編制されていたことは確認されるので、奥野氏の学説は成立しない。さらに言えば、長篠合戦を始め、多くの戦場で、織田軍も徳川軍も、鉄炮衆は全領国の家臣から増援を受けたり、合戦場に参陣した諸隊から引抜いたりした「諸手抜」により編制されたものであったことはすでに指摘した通りである。だとすれば、織田・徳川軍鉄炮衆の編制方法と、武田氏のそれもまったく同じだったのであり、両軍に質的差異はないことになる。ここでも、保守的な武田氏、革新的な織田氏という図式は成立しないことになるだろう。

武田氏の鉄炮運用の限界

これまでの検討で、武田氏が鉄炮を軽視していたわけでも、また旗本鉄炮衆の編制を怠り家臣たちにのみ装備の努力を督励していたわけでもなく、鉄炮衆の編制方法も織田・徳川氏と何ら変わらないことを指摘した。

それでは、武田氏と織田・徳川氏とでは、鉄炮運用において何が違っていたのであろうか。それは、鉄炮・玉薬・弾丸の入手、確保の問題に尽きるであろう。このことは、武田氏が断続的に発給した軍役条目を見ても確認できる。

まず永禄十年（一五六七）の軍役定書では、鉄炮を所持している家臣に、その命中精度を高める訓練を要請しており（表6№13）、この方針が天正三年（一五七五）の軍役定書まで繰り返し指示されている（表6№26・28・36・37）。しかし同時に、永禄十二年の軍役条目に、「一知行役之鉄炮不足ニ候、向後用意之事、付、可有薬支度、但有口上」とあるように（表6№16〜19）、むしろ武田氏にとって深刻であったのは、家臣に鉄炮と玉薬を多く準備させようとしても、それが困難であったことが大きい。それが中部山岳地帯を領国とする武田氏と、畿内やその近国を掌握していた織田信長との差だったのであろう。南蛮貿易や瀬戸内海交易などに関与していた商人との結びつきの強さが、信長の鉄炮装備を支えていたことはすでに紹介した通りである。

では武田氏は、どうであったろうか。その入手経路などを示す史料は極めて少ないのだが、『当代記』天正二年（一五七四）条に記されている記事は、武田氏の物資購入に示唆を与えるものである。

遠江国今切る兵粮船寄、是を可被押収とて、浜松より人数を被遣、小船にて取まき被攻之しか、彼は大船にして鉄放多かりけれは、敢て難近付令下知之とて、物主寺島斧丞、当鉄炮討死す、さて船は漕出走ける

これは兵糧を積載した大船が遠州灘を航行していることに気づいた今切《いまぎれ》(静岡県湖西市)の徳川方が、船を拿捕しようと多数の小船で包囲したところ、大船から多数の鉄炮で攻撃されたため、指揮官寺島が戦死し撃退され、船にも逃げられたというものである。この大船は、恐らく武田方のものと思われ(小川雄「武田氏の海上軍事」柴辻俊六編・二〇一一年所収)、高天神城攻めが始まる直前のものである。この船は兵粮船とされているが、鉄炮なども積載していたのであろう。そして船主は伊勢商人の可能性が高い。

このほかに、江尻城主穴山信君《あなやまのぶただ》が、某年九月晦日、松木与左衛門尉《まつきよざえもんのじよう》ら一〇人の駿府商人衆に「半手商売」を依頼した文書がある(表6№71)。これは武田氏と徳川氏の勢力の境界にあたる大井川中流域の水上郷(当時は武田方、現静岡県榛原郡中川根町)において、河原端で双方の商人が出合い、商売が行われており、信君は、その取引にあたって、内容次第では援助を与える約束をしたものである。もともと駿府商人衆は、敵味方のナワバリの境界線で、敵方の商人衆としばしば落ちあい、「償銭《まよいぜに》」(身代金)を出し合って、互い

に乱取りされた捕虜（生捕人）の買い戻し交渉を行っていた。武田氏はこれを黙認していたが、信君を通じて、その交渉に鉄炮と鉄の取引を持ちかけるよう指示し、うまくこれに成功したら、二、三〇〇疋の夫馬を差し遣わすようにしようと約束している。この多量の夫馬は、鉄炮と鉄運搬のために武田氏が用意するものなのか、それともそれらの購入の対価として相手に引き渡すのかは定かでないが、武田氏が大量の鉄炮と鉄を徳川方商人から仕入れようとしていた事実は重要である（藤木久志『雑兵たちの戦場』朝日新聞社、一九九五年、黒田基樹「戦国期『半手』村々の実態」『山梨県史研究』一四号、二〇〇六年など）。これは鉄炮を敵国の商人を通じて入手しようとしていたことを示す。それは、はしなくも、武田氏が鉄炮と鉄の入手に苦しみ、なりふり構わず懸命になっていたことを窺わせる。なお、この文書は、信君が長篠敗戦直後に、駿河江尻城に入城した天正三年（一五七五）五月から、彼が出家して梅雪斎不白《ばいせつさいふはく》と称す以前（出家は天正九年二月まで）のことなので、天正三年から同八年にかけてのものである。

また領主の他に、村々でも鉄炮を所持している者がいたらしく、それをいかに動員するかが課題であった。武田氏は、上野国衆大戸浦野《おおどうらの》氏に対し「在所より鉄炮十挺を召し寄せ走廻らるべく候、借儀一切御赦免なさるべし」と通達した（表6№66）。これは大戸浦野氏が、所領内の村が所持していた鉄炮一〇挺を動員することに成功したことを武田氏が賞したもので、その見返りとして借儀（負債）を免除するとしている。この借儀が何を指すかは定かでないが、鉄炮を提供した村もしくは所有者個人の負債を破棄するというものであろうか。このほかに事例は確認できないが、いずれも武田氏が鉄炮を入手することの困難さをよく示している。しかしながら、鉄炮そのものは一度購入すれば破損しても修理が可能であろうし、使用に耐えなくなり廃棄されるまではそれなりの期間があるだろう。

玉薬確保へ奔走

だが消耗品である玉薬と銃弾は常に補充を続けねばならず、それが武田氏にとって頭の痛い問題であった。とりわけ、元亀四年（一五七三）十一月一日の軍事条目は、武田氏の鉄炮政策の困難さをよく伝えるものとして重視されよう（表6No.27）。

一鉄炮の薬、大将より陣配当の儀は勿論に候、然りといえども近年の如くは、自然の時節欠乏に候、則ち凶事の基に候条、知行役相当に玉薬支度のこと

武田氏は、それまで鉄炮の使用に不可欠な火薬について、鉄炮を所持する家臣個々が用意するのはもちろんであるが、武田氏も出来る限り用意し、戦闘に際しては、各々に支給していた。だが、それも限界だったようで、これ以後、各々に所持する鉄炮の数量に応じ

た火薬の準備を求めている。これは火薬入手の困難さが、武田氏に危機意識を抱かせていたことをよく示しており、長篠合戦後の天正三年（一五七五）の軍役定書では、身分を問わず武田氏に指示された規定以上に火薬を支度すれば忠節であると通達するなど、その確保に躍起になっていたことがわかる（表6№36・37）。武田氏が、長篠合戦後、家臣達に準備を命じた玉薬と弾丸は、鉄炮一挺につき弾丸三〇〇発分であった（表6№38〜44など）。なお、東国において武田氏ほど鉄炮の動員を積極的に推進しながら、鉄炮と火薬の調達に苦しみ、その対応に焦慮していた史料を多く残す戦国大名は少ない。『軍鑑』によると、武田信玄と上田原の合戦で対決した村上義清は、秘蔵の鉄炮五〇挺を信玄の旗本衆を混乱させるために戦線に投入したが、玉薬は一挺につき三放ずつしか行き渡らず、それを打ち尽くしたら鉄炮を捨て、刀を抜き切り込むよう命じていたという記述がある（巻九）。これは極めて興味深い記述で、信濃国衆が鉄炮を辛うじてまとまって確保出来ても、肝心の玉薬は絶対的に不足していたことが推察される。

ただし、玉薬については、国産の火薬製造を過小評価してはならないのではないかという説もある（荒垣恒明「戦国期における火薬（玉薬）について」『戦国史研究』四七号、二〇〇四年、桐野作人・二〇一〇年）。先学が指摘するように、毛利氏は塩硝製造のために、厩屋の土を上納するよう指示しており、「土硝法」がすでに戦国期には成立していたことを窺わせる。これは、便所・厩屋・台所の土に含まれる塩酸カルシウム（動物性タンパク質や尿の中の窒素化合物に硝化バクテリアが作用して亜硝酸となり、それが酸化して土中のカルシウムと結合したもの）が含まれていることから、塩硝製造の原料に適していたからである（桐野氏前掲論文）。厩屋の土がとりわけ重視されているから、馬産の地として著名な甲斐・信濃では、これらが大量に集められた可能性は否定出来ない。また桐野作人氏が紹介する、北条氏忠《ほうじょううじただ》が家臣小曽戸《おそど》丹後守《たんごのかみ》に年貢納入を命じた印判状は注目される。そこでは、年貢高二九貫八二九文のうち、四貫八二九文を塩硝で納入するよう指示されている（「島津文書」『戦北』三五一八号）。ここでは、四貫八二九文＝二四一升半、一升＝一〇〇匁換算とあり、二四一升半＝二四貫一五〇匁＝一五一斤（約九〇余キログラム）となる。このことは、在地社会で年貢として納入できるほど塩硝の製造が実施されていた可能性を示唆する。武田氏では、残念ながら、塩硝の領国内製造を窺わせる史料に恵まれず、商人を媒介とした領外からの購入しか確認出来ないが、隣国北条氏と同様の製造は十分に想定出来よう。

武田氏の火薬製造工程が判明するのは、玉薬の調合段階からである。すでに武田信玄は、武蔵国児玉郡の鋳物師中林氏に、玉薬を調合するための道具である薬研と、鉄炮玉の製造を命じ、その代わりに普請役などの諸役を免除していた（表6№22）。同じように武田勝頼も、天正四年（一五七六）五月に、駿河国の内記内記助に対して、沢玄・秀菊・源右衛門尉ら七人に賦課していた普請役を免除すると通達し、その代わりに鉄炮玉の製造と上納を行わせるよう指示している（表6№45）。

勝頼は、鉄炮の玉薬調達を天正七年（一五七九）十一月に、跡部《あとべ》美作守《みまさかのかみ》勝忠《かつただ》・小原《おばら》丹後守《たんごのかみ》継忠《つぐただ》・青沼《あおぬま》助兵衛尉《すけべえのじょう》忠重《ただしげ》・市川《いちかわ》以清斎《いせいさい》元松《げんしょう》に指示しているが（表6№58）、まもなく青沼忠重が調達の責任者に任命されている（表6№59）。実際に、青沼忠重は、玉薬製造に不可欠の道具である薬研を大量生産するため、その原材料である「くろかね」（鉄）の確保に奔走しており、より良質の鉄を探索するため鍛冶を下野国に派遣している（表6№72）。跡部勝忠、青沼忠重らは、『軍鑑』によると勘定奉行とされているので、彼らが玉薬の調達を担い、入手し次第、勝頼に届けていたことがわかる。しかし、勝頼は天正八年閏三月、勘定奉行が玉薬調達をも行う負担を軽減し、その能率の向上を図るため、鉄炮薬抹奉行を設置した（表6№61）。この奉行には依田《よだ》左近助《さこんのすけ》ら六人が、二人ずつ三番に編制され、二日交替の輪番で勤めるよう指示されている。

武田氏は、独自に玉薬の調達に奔走しつつも、さらに家臣達に各自が所持する鉄炮の数量に対応した玉薬と弾丸の確保を義務づけたのである。いっぽうで、武田氏のもとには贈答品として玉薬の原料である塩硝が送り届けられることもしばしばあったようだ。武田信玄の晩年の元亀三年（一五七二）には、某氏より塩硝三斤（約一・八キログラム）、木曽《きそ》義昌《よしまさ》より五〇斤（約三〇キログラム）が、また武田勝頼のもとには三河国衆奥平《おくだいら》喜八郎《きはちろう》信光《のぶみつ》から塩硝がそれぞれ贈られている（表6№24・25・30）。これらは彼らが独自に入手した塩硝を、武田氏に上納したのであろう。このように武田氏は、玉薬を、他国からの購入や家臣からの上納（贈答）、塩硝などを薬研で加工し独自の調合することなどによって確保していたと推察される。

弾丸確保の苦心

最後に弾丸であるが、これも合戦のたびに大量に消費するため、不断の確保が課題であった。先に、武田信玄が武蔵国の鋳物師中林氏に、また勝頼が駿河国内記氏にそれぞれ鉄炮玉の製造を命じていたことを紹介したが、これは武田領国の各地で、職人を動員して弾丸の製造が行われ、武田氏に上納されていたことを示している。弾丸も玉薬と同じく武田氏が直轄管理し、戦場で各部隊に供給されたのであろう。しかしそれでも間に合わず、勝頼は、天正八年（一五八〇）八月、重臣秋山《あきやま》下野守《しもつけのかみ》に、上野国に在番（倉賀野城か）する跡部《あとべ》淡路守《あわじのかみ》家吉《いえよし》・羽中田《はながた》虎具《とらとも》・鮎沢《あゆさわ》虎守《とらもり》に命じて、鉄炮玉一〇万発を購入させるよう指示している（表6№64）。

このように武田領国では、弾丸の確保も困難であったようだ。それは原料の鉛の確保が難しかったからと推察される。既述のように、戦国期に日本で消費された鉛は、国産では消費に追いつかず、海外から大量に輸入されていた。鉄炮や玉薬と同じく、鉛も交易に頼らざるを得なかったとすれば、武田氏が確保に苦しむのは当然であった。実は、武田氏の使用した鉄炮玉の多くが交易により入手したと推定する根拠がある。前掲の表3のうち、長篠城跡から出土したものは、武田軍が城内に打ち込んだ可能性があるが、明確に断定出来ない。しかしながら、長篠城跡出土鉄炮玉には、鉛と錫の合金のものも含まれており、出来るだけ鉛を大切に使用していた形跡がある。これは鉛が貴重であったためと思われる。

では、武田氏は、鉄炮玉の材料鉛をどのように入手したのであろうか。既述のように、武田領国の甲斐・信濃には、鉛山は確認出来ない。そのため、武田氏は、外国産・国産を問わず、すべての鉛を他国からの輸入に頼っていたと考えてよいだろう。戦国期に流通していた鉛は、既述のように国産と南蛮貿易の輸入品の二本立てであった。このことは、武田氏の鉄炮装備は、すべてにおいて物流上の壁に直面していたといえそうである。武田氏が、鉛を領外からの輸入に頼っていた事実は、前掲の弘治三年（一五五七）正月に、商人と思われる彦十郎に対し、塩硝や「銀下」（鉛）の購入を命じていたことなどからも確認できる。

ところで武田領国には、金山はあっても鉛山は知られていないのだが、ただ一つ、興味深い事実がある。長篠合戦の舞台となった奥三河、とりわけ名倉奥平氏の所領であった津《つ》具《ぐ》（愛知県設楽町）には、武田氏が採掘した金山があったことが知られているが、実はこの地域には鉛山も存在していたのである（「清水文書」『愛知』⑪七八〇号）。

（徳川家康）（花押）

菅沼常陸介・同半五郎知行之境目ニ鉛有之云々、然者諸役一切為不入免許畢、若亦於分国中、銀・鉛出来者、大工職両人ニ申付所也、仍如件

元亀弐辛未年　九月三日

高野山　仙昌院

小林三郎左衛門尉殿

これは徳川家康が、山家三方衆菅沼《すがぬま》常陸介《ひたちのすけ》定仙《さだのり》（井代菅沼氏、田峯菅沼氏の支流）と菅

沼半五郎定満《はんごろうさだみつ》（野田菅沼氏、定盈《さだみつ》の叔父）の所領の境界に、鉛が産出される場所があるとの情報を三河仙昌院と小林氏がもたらしたことに対し、諸役不入の特権を与え、さらに徳川領内で銀や鉛が産出されるようなことがあれば、両人を大工職に任じると約束したものである。鉛はいうまでもなく鉄炮玉の原料であったから、鉛が産出されることが確認されれば、戦国大名徳川氏としてはメリットが大きい。この地域は、まもなく武田氏の支配下に入るが、山家三方衆と奥三河をめぐる武田・徳川両氏の抗争は、実は鉱山の支配をめぐる側面もあったのではないかと思われる。なお名倉奥平信光は、天正元年（一五七三）八月に武田氏から離反して徳川方に転じ、同三年四月、長篠合戦の前哨戦で、津具に攻め入っており、これは武田方の津具金山を奪取しようとしたものであろう。

いずれにせよ、武田氏は鉄炮玉の大量確保に努力をしていたのであるが、鉛の確保が消費に追いつかず、それが鉄炮玉の量産と供給に影響していたと推察される。

この他に、当時の鉄炮玉の材料に銅・鉄もあったが、鉄玉は武田氏の記録や考古遺物から確認することができない。しかし鉄玉は広く使用されたから、武田氏も利用したことであろう。例えば、北条氏の事例（上野国権現山城の装備書立）に「黒金玉《くろがねだま》」などと明記されていることからも（「諸州古文書」『戦北』三三八〇号）、東国では広く使用されていたと推測できる。ただ鉄玉は、重すぎて遠くに飛ばず、発射後、銃身に鉄垢が残ることが多く、連射の障害になるというリスクがあった。また鉄は、融解点が高いため、製造にはそれなりの技術や設備を必要とし、素人が製造することは難しかった。製造の困難さでいえば、合金も同じで、比重の違う金属をそれぞれ融解させることや、これらを均質に混ぜて製造することは、容易ではなかった。そのため、融解点が低く、取り扱いやすい鉛が鉄炮玉の材料の主流になったのである。

だが鉛の確保に限界を感じていた武田氏は、銅玉の確保に力を尽くしている。その原資は銅銭であった。このうち、悪銭を鋳つぶし鉄炮玉への転用に踏み切ったのである。武田氏は、甲斐国富士御室浅間神社《ふじおむろせんげんじんじゃ》の神主に「鉄炮玉の御用に候、悪銭これあるまま納らるべく候、黄金なりとも郡内棟別なりとも、望み次第に下し置かるべきものなり」と指示し、上納してくれればその補償として、黄金でも都留郡の棟別銭でも与えると述べている（表6No.69）。これは神前に投じられる賽銭のうち悪銭を上納させようとしたものだが、神主は上納に抵抗して「悪銭不足」という言い逃れをしようとしたらしい。武田氏は、もし「悪銭不足」というのであれば、甲府に参上して起請文を提出し、その趣旨を上申するよう命じている。

所　在	参考文献
山梨県埋蔵文化財センター	長峰砦跡（168集）
山梨県埋蔵文化財センター	長峰砦跡（168集）
甲府市教育委員会	未報告
甲府市教育委員会	未報告
甲府市教育委員会	『史跡武田氏館跡Ⅹ』2003
甲府市教育委員会	『史跡武田氏館跡Ⅸ』2002
甲府市教育委員会	未報告
甲府市教育委員会	未報告

告書の番号を示す. 未報告は甲府市教育委員会のご教示による.

このように、武田氏の鉄炮玉は、鉛玉のほかに銅玉が交じっていたことが推定できる。

ところで、山梨県内の中世の遺跡から出土した鉄炮玉のうち（表8）、都留郡長峰《ながみね》砦跡出土の鉄炮玉は興味深い事実を伝えるものといえる。長峰砦は、上野原の国衆加藤氏（加藤駿河守虎景《かとうするがのかみとらかげ》・丹後守景忠《たんごのかみかげただ》・次郎左衛門尉《じろうざえもんのじょう》〈丹後守〉信景《のぶかげ》の三代）が守備していたと伝えられている城砦である（『甲斐国志』古跡部、人物部など）。鉄炮玉はその堀跡から検出されたものである。これらは青銅製の銅玉であったが、成分分析の結果、原材料の銅は、青銅古銭類の配合比に近いこと、すなわち中国からの渡来銭と成分がほぼ同じであったことが確認された（図8）。これは銅玉が銅銭を鋳つぶして製造された可能性を示し、武田氏が富士御室神社の神主に、鉄炮玉に鋳直すので

表８　山梨県内出土鉄炮玉一覧

No.	発見場所	大きさ(mm)	重さ(g)	材質	出土位置
1	長峰砦跡	直径11.5	5.2	銅	堀切跡の堀底
2	長峰砦跡	直径12.9，幅11.1	6.6	銅	堀切跡
3	武田城下町遺跡	直径13	11.4	鉛	字土屋敷
4	武田氏館跡	直径12	6.3	銅？	字土屋敷
5	武田氏館跡	直径12	7.8	鉛	北虎口
6	武田氏館跡	直径11	7.0	鉛	大手
7	武田氏館跡	直径11.5	7.4	鉛	中曲輪
8	武田氏館跡	直径10	5.8	鉛	中曲輪

註：参考文献のうち，長峰砦跡の数字は，山梨県埋蔵文化財センター発掘調査報

悪銭を上納するよう求めた記録と一致するものである。文書で確認される事実が、科学分析の結果と合致する事例として、これは極めて貴重である。

以上の如く、武田氏は玉薬と弾丸の補充に苦慮しつつも、懸命にその不足を克服しようとしていたことは十分窺い知ることができよう。既述のように『軍鑑』には、上田原の合戦で、鉄炮五〇挺を戦線に投入した村上方には、一挺につき玉薬と弾丸が三包しかなく、それを撃ち尽くしたら、鉄炮を捨てて歩兵となり武田軍に切り込むことになっていたという。恐らく玉薬や弾丸不足に悩む武田軍も、程度の差はあれ同じような状況だったのではなかろうか。

興味深いことに隣国の北条氏も、鉄炮玉の入手に苦しみ、その確保に狂奔していた事実がある。天正十五年（一五八七）十二月、羽柴秀吉との対立を深

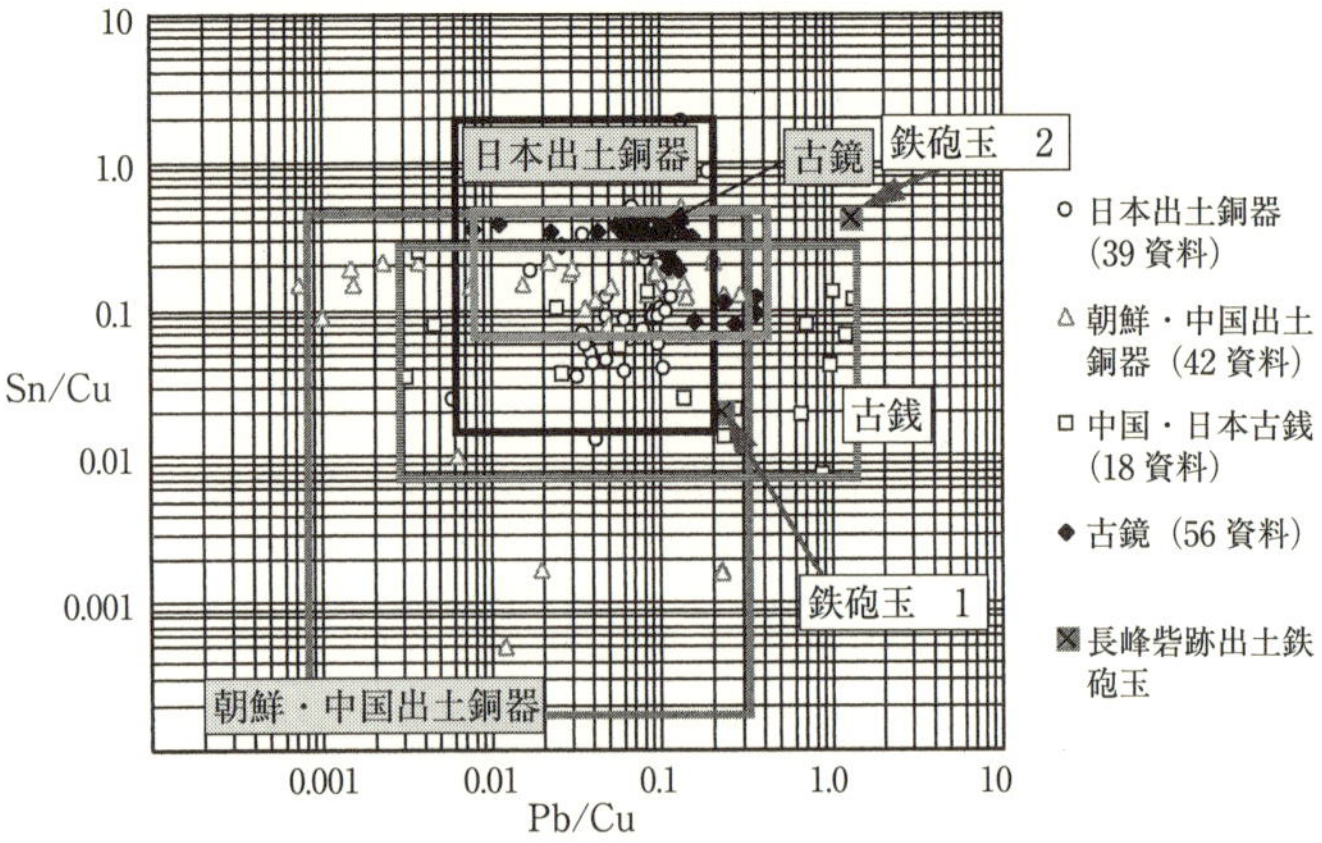

図８　長峰砦跡出土鉄炮玉分析図（山梨県埋蔵文化財センター・2000年より）

めた北条氏は「天下之御弓箭」と呼ばれる非常事態宣言を行い、領国全域に動員を指示した。この一環として、北条氏照は同十六年一月、武蔵国多摩郡愛染院、玉泉寺、同国入間郡茂呂大明神などに、世の中が平和になったら鋳直して寄進するからと、「鐘」の借用を求めた（「安楽寺文書」他『戦北』三二五一〜五三号）。これは鉄炮玉の原料として鋳潰して利用されたのであろう。

武田・北条両氏ともに、鉄炮玉の原料の大量確保が困難なため、それに転用出来る金属の確保に躍起になっていた。それはアジア・太平洋戦争中の日本と重なって見える。原料輸入の稀少さは、東国大名に共通する悩みであったと見てよかろう。彼らは物流の壁に直面し、同じ課題と向き合わざるを得なかったのである。

唯一自給できた火縄

武田領国において、鉄炮関係の装備で自給が可能であったのは、火縄だけであろう。火縄の材料として、木綿が使用されていたことはよく知られているが、当時それは甲斐の特産品で、贈答品としても珍重されていた。しかもそれは、麻・塩・肴とともに武田氏の許可なくして領外に持ち出すことが厳禁され、荷改めの対象になっていた（拙稿「武田氏の流通統制について」『馬の博物館研究紀要』一八号、二〇一二年）。木綿の火縄は、火移りはよくないが、湿気を含んでも乾燥させればすぐに元の状態に戻ることが利点であったという。これは檜を材料にして編まれた火縄も同じであったといい、山国の武田領国では材料の調達は容易であったろう。この他に注目されるのは、竹火縄である。これは竹を繊維状にして編んだものであるが、火持ちはよいけれども、一日三尋、一五尺も燃えたといい、消費が早かった。また一度濡れると、乾くのが遅く、戦場では用いられにくかったという（宇田川武久『鉄砲と戦国合戦』歴史文化ライブラリー一四六、吉川弘文館、二〇〇二年、近藤好和『武具の日本史』平凡社新書、二〇一〇年）。武田領国では、竹火縄は棟別役として郷村に賦課され、本棟別帳（郷村の本家のみを登録した台帳）により、家一間につき三〇尋ずつの貢納が指示されていた（表6№62）。また

『軍鑑』によると、同心衆や足軽衆は、寄親本人か子息の元服にあたって、その進物に「竹火なわ三筋宛」が選択肢の一つとして指定されていた（巻二〇）。このことは、鉄炮の火縄は、武田氏だけでなく、寄親も常日頃から大量の準備を心掛けており、戦場で必要に応じて麾下の鉄炮衆に配分することになっていた可能性を窺わせる。ちなみに、武田氏は領国内で竹や縄などの臨時賦課をしばしば行っているが、これらの用途は竹火縄や竹束などの軍事物資の原資であったと推察される。

以上のように、鉄炮の装備・運用において、武田氏と織田氏の明暗を分けたのは、結局のところその入手経路の確保で大きな差があったからだといえそうである。それは畿内を制圧していた織田氏と、そこから距離があった武田氏との間に横たわっていた格差に他ならなかった。それが長篠合戦で、どのような違いに結びついたかは後述することとしよう。

鉄炮の所有者と銃手の分離

さて、武田氏の鉄炮に関係する史料をみて気づくのは、鉄炮を操作する「放手」「鉄炮射手」（射撃手）の多くが、家臣の悴者、小者であり、身分の低い人々であったということである。天正三年（一五七五）の軍役定書では、「器量之足軽」（射撃の巧みな足軽）を長柄などの鑓持から選抜し、装備転換するように通達している。また一騎合（一騎相）衆と呼ばれる身分の低い侍の中にも、鉄炮を持つ従者を連れ参陣した者もいた。例えば、前掲表6No.20・表7No.7の沢登藤三郎《さわのぼりとうざぶろう》は、兜・喉輪・手蓋・脛楯《はいだて》・差物といった甲冑の装備と、馬介《うまよろい》と鉄炮一挺の準備を命じられている。甲冑は沢登自身が着るものであり、馬介は彼が騎乗する馬に着せられたのであろう。残る鉄炮は、沢登自身が使用した可能性がないわけではないが、通常は従者に持たせ使用させるものである。これは騎馬一騎と武器を持った従者一人という組み合わせと思われ、一騎相衆を指す事例と推察される。

これらの事例は、鉄炮の所有者と、実際に使用する銃手が相違していることを示す。この背景には、鉄炮を負担する家臣（所有者）が、それなりの分限を保持する者にほぼ限定されていること、すなわち鉄炮や火薬、弾丸などが高価であることに由来すると理解出来るだろう。

だからといって、侍身分の人々がまったく使用しなかったということではない。自分自身が鉄炮一挺を持って参陣し、自分で操作した者もいることであろう。例えば、駿河田中城に在城を命じられた甲斐衆坂本兵部丞《さかもとひょうぶのじょう》は、武田氏から同心衆を預けられたが、彼らは鉄炮足軽であった（表6No.47）。恐らく彼らは武田氏の直参の侍身分で、鉄炮を自ら所持、使用していた人々であろう。また『軍鑑』には、武田家中の侍には、鉄炮の稽古を積み、これを上手に扱う者が少なくなく、重臣日向昌成《ひなたまさなり》や横田康景《よこたやすかげ》などのような名人もおり、自身が鉄炮を使って敵を撃退したという記述もみられ、侍身分の人々も使用したことは間違いなかろう。

だが武田氏の鉄炮衆構成員には、家臣達の忰者、小者が比較的に多かったのは事実であろう。この傾向は、毛利氏も同じで、鉄炮衆の多くは「鉄炮はなしの中間衆」と呼ばれ、毛利氏直属の御中間衆で編制されたという（秋山伸隆「戦国大名毛利氏と鉄炮」『戦国大名毛利氏の研究』吉川弘文館、一九九八年所収、初出は一九八二年）。これはいわゆる旗本鉄炮衆であり、毛利氏はその充実を目指していた。いっぽうで侍の中には「鉄炮一廉心懸《ひとかどこころがけ》」と呼ばれる巧者がいたという。また毛利氏の鉄炮衆編制は、侍を指揮者としその下に鉄炮放の中間衆を付属させる形態がとられていたといい、これも武田氏などと同じである。

さらに毛利氏鉄炮衆の内部は、豊臣期になると組編制が確認出来るようになり、二〇人程度の鉄炮放にまとめられ、給分とともに一括して組頭に預けられたという。この組編制は、実は武田氏でも実在していたことが指摘されており（黒田基樹「武田氏家中論」平山優、丸島和洋編・二〇〇八年所収）、寄親の下に編制されていた寄子・同心を「組子」とも呼称していた。これは『軍鑑』にも頻繁に登場し、「諸頭・諸卒」「組頭・組子」「与頭・与子」などと記されている。また同書では、小部隊も組と称したとあり、たとえば武田氏は旗本の中から若く利発な侍五人を選抜して、一人に鉄炮一〇挺、弓五張を預け一組となし、合計七五人を三番に編制した小部隊を「七十五人衆」と名付けたといい、これには馬乗同心は一人も付属させなかったとある。これは「御手足軽」の一つ、つまり旗本鉄炮衆の一つのことだという（末書下巻下）。また鉄炮衆の編制について『軍鑑』は、弓・鉄炮足軽二五人ずつを一組とし、それぞれ足軽大将一人（騎乗）を指揮官として付け、二組編制して共同で戦わせた（同）。『軍鑑』にはこのような組み合わせに関する記述は多く、鉄炮と弓衆の最大編制は、廿四組と呼ばれる鉄炮足軽一〇〇人と馬乗二〇騎と、拾二組と呼ばれる弓五〇張と馬乗一〇騎、合計鉄炮一〇〇挺、弓五〇張、騎馬三〇騎を一組としたもので、その指揮官には譜代の足軽大将が任命されたという（同）。『軍鑑』に登場する「～人衆」「～人組」については、今後も検討が必要であるが、武田氏滅亡後作成され、徳川氏に提出された「天正壬午甲信諸士起請文」には「廿人衆」「小十人頭」などとみえることから（「内閣文庫蔵」山梨⑥下九四五）、実在したことは間違いなかろう。

また毛利氏でも鉄炮衆編制のために、「諸手抜」の方法が採用されており（秋山氏前掲論文）、鉄炮衆の構成要素や編制方法など、武田・毛利・織田・徳川氏などでまったく違いはなく、明確な格差は背景としていた物量の規模だけであったと結論づけられよう。

長篠の戦訓をどう読むか

渡邊世祐氏を始め、武田氏が鉄炮を軽視していたとする学説の重要な論拠とされているのは、信玄在世期の永禄十年（一五六七）でも「鉄炮数を所持している人は、怠りなく悴者・小者らに鍛錬させよ、最近はまったくそうしたことがなされておらず、隣国への聞こえもよくない」（表6№13）との指示が出ており、それは改善された形跡がなく、長篠敗戦直後でも「弓・鉄炮の鍛錬が出来ていないものは、一切連れてきてはならない、今後は、陣中で折々検使を派遣して調査し、弓・鉄炮の訓練がないものは過怠である」（表6№36・37）とあることと、長篠敗戦後に鉄炮は重要だから出来るだけ装備を行うようにと勝頼が指示していることによる。つまり、渡邊氏らは史料から、鉄炮の導入と訓練が重視されてこなかったツケが、長篠敗戦につながり、ようやくその戦訓をもとに改革に遅まきながら着手したと読みとったのであり、この論調は今も根強い。

しかし武田氏が発給した軍法をよく見ると、訓練が不足しているのは弓も同じで、武田氏は事態を重視し、弓・鉄炮という飛び道具の有効性を活かすためにも、訓練を督励しているのである。ならば、武田氏は弓をも軽視していたということになるのであろうか。武田軍の鉄炮の命中率が悪く、それは訓練不足が原因であることや、長篠合戦後、鉄炮を大量に装備しようとしているというのは事実であろう。そして長篠合戦が、武田勝頼に鉄炮の大量装備を指向させたのも事実だろう。しかしこれまで検討してきたように、武田氏は信玄以来、鉄炮装備を根強く進めており、長篠敗戦後は、これまで以上に大量に確保しようとしたのであって、軽視していたため慌ててそれを改めたというわけではない。しかし、勝頼は鉄炮と弓の訓練不足について、今後は検使を派遣して熟練度の調査を行い、場合によっては「過怠」にするとの罰則規定を設けており、より厳しく対処しようとしたことは重視される。それほど、織田・徳川軍との命中率の格差が著しかったのであろう。

では命中率の悪さや訓練不足の原因をどのように考えるべきなのか。これは長篠合戦の戦訓を、史料からどのように読み取るかという問題と深く関わっている。これまでは、古い体質の武田氏が長篠合戦でその認識を改め、鉄炮装備に切り替えたという読み方で説明がなされてきたと思う。

長篠合戦後の鉄炮関係史料をみると、武田勝頼は、①命中率をあげること、②訓練不足を克服すること、③あらかじめ準備すべき弾丸数を一挺につき三〇〇発とすること、などの改善を指示している（表6№38他）。このうち、信玄在世期以来①②の指示が繰り返されていたのは、戦国の合戦のあり方と密接に関係していると私は考える。

詳細は後述するが、戦国の合戦は、まず敵に肉迫しながら、鉄炮衆同士の撃ち合いから始まり、やがて弓衆の射撃が加わる。両軍とも、鉄炮・弓衆は互いに相手を打ち倒し、敵軍の飛び道具を沈黙させようと努力する。つまり合戦では、鉄炮・弓衆の死傷率が必然的に高くなることを意味する。銃兵や射手が戦死傷すれば、合戦終了後にその補充が当然試みられるが、鉄炮や弓矢の操作に習熟し、さらに敵に命中させられるようになるまでには時間がかかる。頻繁に合戦が繰り返されればされるほど、この傾向は高くなるだろう。これが慢性的な銃兵・射手の訓練不足の背景であろう。さらにもう一つ考慮されねばならないのは、鉄炮の射撃訓練に必要不可欠な物資の問題である。すでに検討してきたように、武田氏は玉薬と弾丸の慢性的不足に悩まされていた。武田氏でもそうなのであるから、家臣達の苦心は察して余りある。すなわち、鉄炮放の命中精度向上のためには不断の訓練が必要だ。しかしそのためには、貴重な玉薬や弾丸を消費せねばならない。一方で際限なき軍役を果たすために、玉薬と弾丸の備蓄は不可欠である。玉薬や弾丸の原料確保が困難であればあるほど、武田氏も家臣らも、練度向上と備蓄の必要性というジレンマに陥っていたと考えられる。

武田勝頼は、長篠合戦で、織田・徳川軍の鉄炮衆よりも自軍の鉄炮衆の命中率が、それまでも懸念されていた通り低かったこと、それは訓練不足によるものであることを感じたが、より強烈に印象づけられたのは、双方が準備していた弾丸と玉薬の分量の圧倒的な差であったのだろう。それまで武田氏は、準備すべき鉄炮の弾丸と玉薬の量を明確に指示することはなかったが、長篠合戦後、一挺につき三〇〇発と軍役定書に明記したのである。勝頼が長篠合戦で目の当たりにし、重要な戦訓としたのは、今まで以上に軍事訓練を厳格化することにより命中率をあげることもそうだが、何よりも衝撃だったのは、敵よりも早く玉薬や弾切れにより武田軍の鉄炮が沈黙してしまったことだったのではなかろうか。逆に言えば、それだけ織田・徳川軍の鉄炮は、数量だけでなく、尽きることのない弾丸・玉薬の量を用意し、武田軍鉄炮衆を圧倒したといえるだろう。

武田氏が使用した鉄炮とは？

それでは、長篠合戦で武田軍は鉄炮をどの程度使用していたのであろうか。またその鉄炮の大きさはどれほどのものだったのか。

これに答える史料は多くはないが、武田軍も、長篠合戦でそれなりの規模の鉄炮を使用した形跡がある。まず「長篠合戦図屛風」（成瀬家本）には、中央部分に鉄炮を持った足軽がしっかりと描かれている。彼らは、射撃をしているうちに、織田・

図9　長篠合戦図屛風に描かれた武田軍鉄炮隊（成瀬家本，犬山城白帝文庫所蔵）

徳川軍の鉄炮に狙撃され、撃ち倒されたのである（図9）。また織田軍の鉄炮衆も、武田軍の鉄炮衆に狙撃されて撃ち倒されている様子が、「長篠合戦図屛風」（浦野家旧蔵）に描かれている（図10）。

この他に、長篠合戦後、長篠城内を検分した時の様子を、後年徳川家康が述懐したという記録がある（「太平雑記」『徳川実紀』一所収）。それには「（徳川家康が関ヶ原合戦後）大津の城巡視ありしに（中略）奥平九八が長篠籠城の折は此様の事にてはなし、戦終て後見たりしに、壁は土をふり落して籠の如く、戸板は鉛丸にうちぬかれて障子の如くなるを、筵畳をたてかさねなどして持こたへたるはと御物語ありしとなり」とある。関ヶ原合戦後、京極高次《きょうごくたかつぐ》が籠城した近江国大津城の様子を家康が検分した時に、供をしていた山岡道阿弥《やまおかどうあみ》に語ったという一節だが、これによると、長篠城は武田軍の打ち込んだ鉄炮で、土壁は崩れて籠のようになり、戸板も障子のようになってしまっていたが、奥平信昌《おくだいらのぶまさ》は畳などを立て重ねて懸命に防戦したという（それに比べれば、大津城の被害は大したことはないと家康は言いたかったのであろう）。なお、奥平家の菩提寺である京都久昌院《きゅうしょういん》が所蔵する「長篠合戦図」は、そうした長篠城の被害の模様を伝える興味深い絵図である（岐阜市歴史博物館編著『奥平信昌と加納城』岐阜新聞社、二〇〇四年、藤本正行「久昌院蔵『長篠合戦図』について」『中世城郭研究』第一八号、二〇〇四年）。

図10　武田軍の鉄炮に打ち倒された織田軍鉄炮放（浦野家旧蔵，豊田市郷土資料館所蔵）

また長篠合戦の前哨戦である、三河吉田城下の攻防戦で、徳川方の水野《みずの》忠重《ただしげ》は武田軍に鉄炮で撃たれ、右肘を負傷し、決戦には参加出来なかったという（『寛永伝』『譜牒余録』「水野勝成覚書」）。さらに鳶ケ巣山砦攻撃に参加した徳川方の本多《ほんだ》康重《やすしげ》は、武田軍の鉄炮で左の股を撃たれ負傷したといい、その弾丸は生涯抜けなかったという（『寛永伝』『譜牒余録』）。

いっぽうで、両軍の決戦場でも、武田軍の放った鉄炮に当たって負傷したという記録がある。

徳川家康に仕え、御用商人として名高い茶屋《ちゃや》四郎次郎《しろうじろう》は、長篠合戦に参加していたといい、「長篠御合戦之節戦場へ進み候処、敵より打立候鉄炮に右の足を打れ働不便に付、引退養生仕候」と伝えている（『南紀徳川史』巻之六三）。

これらの記録は、武田軍も織田・徳川軍に向けて鉄炮を撃ちかけていたことを示すものである。では、その鉄炮は織田・徳川軍と比較して、装備として貧弱であったのだろうか。これを知る唯一の手掛かりが、長篠城跡や山梨県内の中世城館跡から発掘された鉄炮玉の玉目である（前掲表8参照）。すなわち、鉄炮玉の口径を検討すれば、戦場で使用された火縄銃の大きさを割り出すことが可能である。織田・徳川軍の火縄銃の場合と同じ方法で検討してみると、次のような傾向が認められる。

まず山梨県内の武田氏館跡とその周辺で出土した鉄炮玉は、直径一〇ミリが一例で、一一ミリと一二ミリのものが多く、「字土屋敷」（土屋《つちや》昌続《まさつぐ》屋敷跡推定地）から発掘された唯一の一三ミリは大きさ、重さともに他とは明確に相違する玉目である。直径一〇ミリの玉目の火縄銃は、二匁玉（口径一〇・九四四ミリ）のものである。次に直径一一ミリは、二匁五分玉（口径一一・七九〇ミリ）、直径一二ミリは三匁玉（口径一二・五二九ミリ）となる。また直径一三ミリは四匁玉（口径一三・七九〇ミリ）である。この他に、長峰砦跡出土の銅製玉は、直径一一・五ミリ

（二匁五分玉）と、直径一二・九ミリ（三匁五分玉）となる。このように、武田軍が使用した鉄炮は、口径二匁〜三匁五分筒のものが多いと推察される。

次に長篠城跡出土の鉄炮玉を検討しよう。これがすべて武田軍が発射した鉄炮玉と証明することは出来ないが（発掘調査の報告書では、その可能性を示唆している）、もし事実ならば、長篠城跡出土の鉄炮玉は、山梨県内出土のものよりも、口径がやや大きいものが多い。これは、城の建物を破壊することに主眼を置いた大口径の鉄炮を武田軍が投入していたことを示しているのではなかろうか。これは同時に、遮蔽物の陰に身を隠した兵卒もろとも撃ち抜くことが狙いだったのであろう。

以上のように、武田軍が長篠合戦で使用した鉄炮は、その口径から推定される大きさなどから、織田・徳川軍が使用した鉄炮とまったく遜色ないものであったと考えられる。長篠合戦での両軍の明暗は、やはり双方の装備量（物量）の差、それは鉄炮・玉薬・弾丸の生産、流通経路へのアクセス度の格差に由来すると結論づけることが出来よう。

武田氏の騎馬衆と両軍の陣城

戦国の騎馬と武田氏

東国戦国大名の騎馬衆

東国戦国大名の軍隊研究は、この数年の間に関心が高まり、研究も格段に進んだ分野の一つである。とりわけ、騎馬武者とその集団である騎馬衆(「馬上衆」「馬之衆」)についても、その実在はほぼ確定されるに至っている。

武田氏の場合も、拙著『長篠合戦と武田勝頼』において、①武田氏をはじめ、北条氏などの有力東国大名は、家臣個々に軍役員数と装備を明記した軍役定書・軍役着到などを発給し、人数不足や員数合わせのために夫丸《ぶまる》同然のような者の従軍を厳禁し、②軍勢召集後は、ただちに着到をつけて員数と装備を確認すると、武装ごとに再編制するのが原則であった、③その結果、騎馬衆（馬上衆）も編制されていたことが確認出来る、④騎馬武者の場合、一騎合衆のような従者一人を連れた身分の低い武士や、郷村から動員された軍役衆などの在郷被官も多数含まれており、従来の想定よりもはるかに騎馬武者の数量は多かった、⑤騎馬武者の多数は、身分の低い一騎合衆を始め、軍役衆や悴者であり、このうち後二者は馬足軽と呼ばれていたと推察される、⑥すなわち騎馬衆とは、大身の武士（国衆クラス）ならば自身に供回りが付属し、それに個々の一騎合衆・軍役衆・悴者騎馬などが加わって編制されたとみられる、⑦このことから、騎馬武者と歩兵との相違が地位・身分に由来し、それ故に騎馬武者はすべて将校クラスであるという学説は成立しない、⑧戦国日本の騎馬武者は、合戦においてすべて下馬し歩兵として戦うのが基本で、騎乗するのは敵を追撃するか、退却する場合のみに限定されていたとの学説も、諸史料を検討すると支持出来ない、⑨戦国合戦で、騎馬衆による敵陣への突撃（乗込・乗崩）を仕掛けた事例は数多く認められ、それは敵軍が浮き足立ち、備えが乱れ始めたことを確認して実施されるのが一般的であった、⑩なお外国人宣教師の証言「われらにおいては、馬（上）で戦う。日本人は戦わねばならぬときには馬からおりる」（『日欧文化比較』）は、彼らが活動したおもに九州を始めとする西日本の様子であり、東国を含めた実態とはかけ離れていた。実際に

『雑兵物語』には「近代の合戦には皆おち立ての攻合で、馬の勝負が久しく遠のく、上方侍衆は東国侍と変わって馬は不案内だげなところで、防ぐ覚悟がなかったもんだ」との証言があり、東国は西国とは違い騎乗戦闘が盛んであったことを窺わせる、ことなどを指摘した。

しかし紙幅の関係もあり、騎馬衆の活動について、当時の日本馬の体高や去勢問題を根拠に、馬が戦闘に不向きだったと主張する鈴木眞哉・小佐々学氏の学説については触れることが出来なかった（小佐々学「日本在来馬について—城郭や合戦と関連して—」『城郭史研究』二七号、二〇〇七年）。この他に、巷間流布している武田領国は馬産が盛んであり、それ故、武田氏は騎馬戦闘が得意であったという説の当否の検討も重要な課題である。また拙著でも指摘した騎馬突撃についても、もう少し事例を加えて確認をしておきたいと思う。

戦国日本の馬

戦国日本の馬は現在のサラブレッドに比べて圧倒的に小さく、力も強くなく、戦場で疾駆するのは不可能だったと鈴木眞哉・小佐々学氏らは指摘する。果たして事実なのであろうか。その根拠は、外国人宣教師の記録である。それによれば、戦国日本馬は、①体格が小さく、②去勢の風習がないため気が荒くて扱いにくく、人にも他の馬にもすぐに嚙みつき、③蹄鉄を持たなかった日本では、馬の蹄を保護するために馬沓（藁沓）をはかせるが、これは半レグア（一レグア＝約三・九四二キロとすれば、約二キロ弱）しか保たないため頻繁な交換が必要である、などであったとされる。このことから、小柄であるが故に、重い甲冑を着けた武者を乗せ続けての長時間の戦闘は困難であり、しかも去勢されず気性が荒い馬が集団で運用されることは考えられず、蹄鉄もなく速度も遅いため、馬上による突撃には適さないであろう。とりわけ、アラブ馬との比較論を展開した外国人宣教師や幕末維新期の外国人の記事に依拠しつつ、日本の馬足が遅く、劣っていることなどを強調し、騎乗戦闘の不利を説き、下馬戦闘が一般的としている。

そこでまず、戦国日本馬の体高と馬体の問題について述べよう。戦国期の日本馬は、どれほどの大きさだったのだろうか。まず記録からみてみよう（史料の検索は、帝国競馬協会『日本馬政史』第一巻、一九二八年〈原書房復刻、一九八一年〉、長塚孝「戦国の馬と人びと」馬の博物館編『戦国の城と馬』同館、二〇一〇年所収に依拠した）。当時の馬の大きさに関する記録は極めて少なく、長塚氏の調査によれば、応安六年（一三七三）十二月、室町幕府に一〇頭の馬が納められたが、そのうち六頭は五尺以上であり、最大のものは五尺三寸（約一六〇センチ）あったという（『花営三代記』）。また文明十五年（一四八三）、伊達《だて》成宗《しげむね》が上洛した時に、将軍足利義政《あしかがよしまさ》の子義尚《よしひさ》に贈った馬は丈五尺（約一五〇センチ）であった（「伊達家文書』)。天正七年(一五七九)に、北関東の有力国衆多賀谷重経《たがやしげつね》が、織田信長に贈った星河原毛は、当時七歳で四尺四寸八分(約一三五・七センチ)だったといい、三〇里を駈け続けることが出来た駿馬で、信長が珍重したという(『信長記』)。また天正十年五月、本能寺の変直前に、伊達輝宗《てるむね》が信長に贈った浪鹿毛は、一〇キ八分(一〇寸八分=五尺八分、約一五三・九センチ)だったと記録されている(『家忠日記』)。この他に、軍記物では『軍鑑』に武田信虎が秘蔵し、若き信玄が所望したと伝わる鬼鹿毛は四尺八寸八分(約一四七・八センチ)、信長が大友宗麟《おおともそうりん》に贈った鬼月毛は四尺八〜九寸(約一四五・四〜一四八・五センチ)といい(『大友興廃記』)、最上義光《もがみよしあき》の愛馬大河原毛は一〇寸五分(約一五三センチ)であったという(『最上義光記』)。ただしこうした馬は、贈答品という目的からとりわけ大型の馬が厳選されたであろうし、だからこそわざわざ大きさを記録に残そうとしたのであろう。当時の一般の馬はもう少し小さかったと推定され、これまでに発掘された平安・鎌倉期の馬遺体の分析から、体高は約一三〇センチほどであったと考えられている。戦国期武田氏に関わる馬として、武田氏館跡西曲輪南側の馬出から出土の馬遺体(図11、図12)は注目される。この馬は馬齢推定一二〜四歳、体高一二六センチ(四尺二寸)であった。馬遺体は、牡馬で頭部を北、顔を西側に向け(北枕と西方浄土を意識した埋葬形態)、右側面を下にし、しかも筵をかけて極め

図11　武田氏館跡から出土した馬骨（甲府市教育委員会提供）

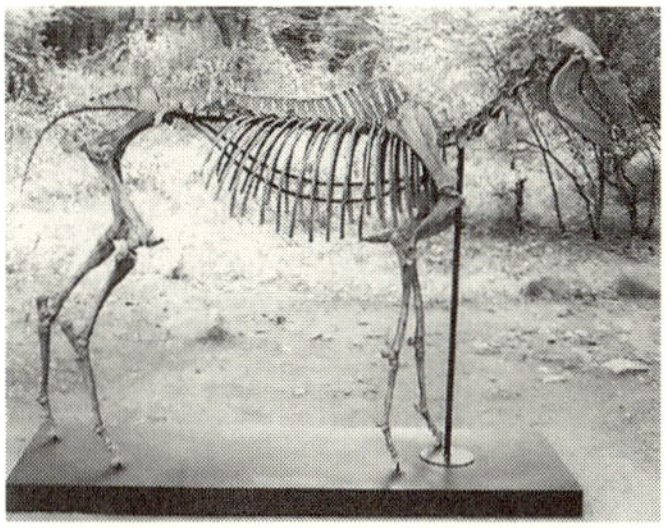

図12　武田氏館跡出土馬の骨格復元（甲府市教育委員会提供）

て丁重に埋葬されていた。また解体された痕跡もないので、武田信玄・勝頼ら武田氏当主クラスが騎乗していた馬ではないかと推定されている（甲府市教育委員会・二〇〇〇年）。この馬は戦国期に日頃から乗馬として飼育されていたものと推察され、これまで紹介した贈答用の馬より体高が少し低く、鎌倉期以来の軍馬の遺体の体高とほぼ一致している。

戦国期に使用された軍馬の規格については、北条氏《ほうじょうじ》邦《くに》が天正二年（一五七四）三月二十日に高松衆逸見《へんみ》与一《よいち》郎《ろう》に与えた「永代法度之事」が貴重な情報を伝えてくれる（「逸見文書」『戦北』一六九六号）。

一、一騎合衆は、いずれも給恩として与えた三ケ一の馬に乗るように。（体高が）高い馬を用いることは無用である。ただ今所持している馬についてはこの限りではない。しかしながら馬を痩せさせてはい

けない

ここに登場する「三ケ一」とは、寸《き》という単位を省略した書き方で「三寸《みつき》から一寸《ひとき》の馬」を指す。当時の馬の体高表記法は、四尺を基準にしていたことから、表記に際してはこれを省略し、下の寸で表していた。三寸とは四尺三寸（約一三〇センチ）、一寸とは四尺一寸（約一二四センチ）のことである。一騎合衆は、戦国大名の軍隊では一般的な馬上・騎馬衆であった。彼らは、北条氏から給恩として馬が与えられており、さらに自分でも別に馬を飼育し所持していたことがわかる。北条氏は、体高の大きい馬の戦場投入を出来るだけ避けようとし、小さな馬を揃えようとしていた。これは後で紹介するように、武田氏も同様であることから、実戦経験を踏まえた戦国人の軍馬の大きさに対する一般的な考えであったのだろう。

以上のことから、戦国大名当主が騎乗する馬は、彼の威信や名聞に関わるものであったから、ひときわ体高が高く、体格も立派な馬が選ばれたが、一般の馬上・騎馬衆は四尺（約一二一・二センチ）をやや上回る程度の馬に騎乗するのが常であった。このような日本在来馬は、よく指摘されるように、体高一四八センチ以下であるためすべてポニーに分類される（近藤好和「日本馬は本当に貧弱か？―馬体の再検討―」入間田宣夫、谷口一夫編『牧の考古学』高志書院、二〇〇八年など)。

では体高が小さいことは、貧弱であることの証明になるであろうか。

中世日本馬の能力

中世日本馬の体格がすぐれていたことは、近藤好和氏によって絵巻物などをもとに詳細な論証がなされている。近藤氏も指摘するように、日本在来馬が貧弱であると強調する論者は、ポニーと子馬を混同しているのではないかとみられ、ポニーはあくまで小型馬という品種そのものを指し、子馬ではない。また、馬体を規定するのは体高ではなく骨格と筋肉であるから、体高の数値だけで貧弱であると決めつけることは非科学的である。絵巻物にみえる馬は、筋骨も逞しく、武者などを乗せて疾駆している様子がありありと窺われる。それればかりか、良質の史料が戦国期よりも多く残る関ヶ原合戦から大坂の陣などの史料からは、騎馬が戦場を疾駆している様子が窺われる。『信長記』でも、信長が騎馬を疾駆させていたことなどがしばしば記述されているし、信長が興行した馬揃や賀茂競馬でも、馬は集団で運用され、疾駆していたことが明記されている(馬揃については、藤木久志『日本の歴史一五　織田・豊臣政権』小学館、一九七五年。賀茂競馬は、長塚孝「織田信長と賀茂競馬」『馬の博物館研究紀要』一六号、二〇〇五年参照)。

さらに外国馬との比較を記録した外国人宣教師の記録などを根拠に、日本馬は体格・体力ともに劣ると指摘されるが、同じ外国人の証言でも巴爾斯亜（ペルシャ）の馬（アラブ馬）に匹敵するぐらい日本馬は優秀だとオランダ人が評価し、暹羅（シャム）国王が日本馬の入手を切望していた記録が残り、そればかりか享保年間（一七一六〜三六）にオランダから献上された馬と日本馬を遠乗りに出したところ、日本馬のほうが速く、アラブ馬を二、三里も引き離して目的地に到着したとある。また朝鮮から献上された馬も、奥羽産の馬にはかなわなかったという事実もある（近藤氏前掲論文）。

このことは、外国人宣教師の記述だけに依拠することがいかに危険かを物語る。しかも彼らが見聞した「日本」とは、九州・中国・畿内に限られ、馬産で知られた東国・東北はまったく未知の地域だったことに注意が必要であろう。例えば先に引用したように『雑兵物語』には、上方（関西）では、近年合戦の時に下馬して戦うことが一般的となり、馬に乗って戦うことを長いこと経験していない。だから上方侍は、東国侍と違って騎馬で戦うことに馴れていないため、馬に乗って攻められた時に、どのようにして防げばよいかわからないのだと揶揄されている（並中間新六）。この証言は極めて重要であろう。下馬戦闘は、西国の合戦を見聞する機会が多かった外国人宣教師が見た、限られた「日本」の一面だった可能性が高い。

なお、当時の日本馬の馬足は、時速四〇キロが精一杯であったと指摘されている（長塚氏前掲論文）。馬足が遅いことを重視し、これでは騎乗戦闘を不可能だとされることもあるが、果たしてそうであろうか。時速四〇キロ以下だとしても、武装した歩兵よりも馬ははるかに速く移動することが出来よう。そこで焦眉の課題となるのは、結局当時の騎馬武者の運用方法いかんに尽きるが、この点は最後で検討しよう。

馬の速度とならんで問題視されるのは、馬の耐久性である。鈴木氏らは馬体が貧弱なので、甲冑を着けた武者を乗せて駆け回ることは困難だと指摘した。その根拠は、ポニーを使った実験結果（九五キログラムの砂袋を、体高一三〇センチ、体重一三〇キログラムのポニーに乗せ、走らせたところ、分速一五〇メートル＝時速九キロを出すのがやっとで、一〇分ほどでへばったという）などである。

当時の馬の耐久性については、人や荷物の積載に関する史料をもとにすると、意外な事実が判明する。長塚孝・近藤好和氏の分析によれば、まず中世前期の武士が弓射騎兵であり、その武装（星冑・大鎧・弓箭・太刀・腰刀など）は優に三〇キログラムを越え、これに馬具や細々した武具などの他に、騎手の体重を勘案すると、総重量は一〇〇キログラムに及ぶと推定されている。平安・鎌倉期の日本馬は、それを乗せて移動したり、戦場で疾駆していたわけである。また、荷物については、古くは『延喜式』で、荷物は一〇〇斤（六〇キログラム）、米穀類は一五〇斤（九〇キログラム）であった。また室町期の遠江国蒲御厨《かばのみくりや》では、馬に積載する銭貨は二四貫（九〇キログラム）、米二俵（蒲御厨では一俵＝三斗入で四五キログラムほどだったとされる）であった。つまり、古代から中世にかけての馬の積載重量の目安は、九〇キログラムでほぼ一定していることが窺われる。その後、関ヶ原合戦直後の慶長五年（一六〇〇）に幕府は、東海道の馬一頭につき三〇貫（一一二・五キログラム）、同六年には公用伝馬は三二貫（一二〇キログラム）、駄賃馬は四〇貫（一五〇キログラム）を積載限度に指定している。慶長期の東海道では、宿場間の八〜九キロを移動することを想定しているだけであるが、それでも馬の積載重量制限の目安は、体重の三分の一程度だというから、過重負担であったと考えられる。

以上のことから、当時の日本馬は、六〇〜一〇〇キログラムを目安に、人や物資を乗せて運ぶことが普通であったと推察される。つまり、蹄鉄がなく、体高が小さくとも、当時の馬は今日では想像もつかぬほど力があったとみるべきだろう。ましてや当時の馬は、農耕や物資輸送、人を乗せての移動などに常に使用され、訓練されていたから、牧場で牧歌的な日常を送っているポニーとでは比較すべくもなく、それを論拠とすることは難しそうである。

それでは、日本の馬が去勢されていないため気性が荒く、集団で機能させることは不可能だという説はどうであろうか。しかし、当時でも馬は日常的な鍛錬・調教・管理が施されていたという事実がある。鍛錬とは、農耕・運輸・乗馬・軍事訓練（狩猟・遠乗りなど）などに日常的に使用されることによって、重量や移動に対する持久力が強化されることであり、調教とは馬具の装着や、人や荷物を乗せることへの抵抗感を馬から除去すること、口取りや背に乗った人間の指示通り動く習慣を教え込むことのほかに、他の馬や馬の集団の中に置くことを慣れさせるなど、多様な訓練を指す。また管理とは、とりわけ行軍中や戦場など軍陣における馬の管理のことである。

馬の調教と管理

農耕・運輸・乗馬などの鍛錬についてはもはや贅言するまでもなかろう。ここでは調教と管理について触れておく。

馬の調教は古代以来、牧や中央の馬寮などを始め、馬を飼育する人々の間ではごく当たり前に行われていた。馬の調教の実態については、入間田宣夫・近藤好和氏の研究を参照されたいが、端的にいえば、日本の調教は人と馬の調和を目指すもので、慣れさせ指示を教え込む方法である（入間田宣夫「中世日本馬と合戦」岩手県立博物館編『北の馬文化』同館、二〇〇〇年所収、近藤氏前掲論文）。これは馬を人に服従させることを目指す西洋と決定的に違っており、これが西洋人が日本の馬の様子や、人と馬の関係を観察して違和感をもった背景であろう。外国人ばかりでなく近世の日本人の中にも、馬を猛獣だと評した者もいた。しかし、このような評価を下した日本人の多くは、西国の人ばかりで、その彼らでさえ東国や奥羽の馬の大人しさに感歎している。このことは、馬産が盛んな地域では、馬を調教し人と調和させることがごく普通に行われていたが、西国では馬の稀少さもあり、組織的な調教がなされていなかった可能性がある（村井文彦「江戸時代の馬と人をめぐる覚書三―馬と牛について―」『馬の博物館研究紀要』一六号、二〇〇五年）。

最後に馬の管理の問題に触れよう。この詳細を記す史料として『雑兵物語』は重要である。日本馬は去勢されていないから、気性が荒い悍馬が多く、軍陣での扱いに苦労していたことは、同書からも窺うことが出来るが、これを大人しくさせるために、馬の前脚の筋（前筋）と後ろ脚の筋（艫筋）を切る「筋骨切り」が行われることもあったという。「筋骨切り」された馬は、歩くのに力が入らないため、足どりを高くしようとする。また艫筋を切られているので、筋が引っ張られて尾が跳ね上がるため、馬の歩く姿を一見華麗に見せる効果があったという。このため、馬にこの「筋骨切り」を行う者が、近世初期になると流行した（前掲帝国競馬協会『日本馬政史』第一巻）。だがこの馬は、「頑馬《やだうま》」と呼ばれ、負荷のかかる歩き方を強制されているため持久力がなく、長距離や疾駆、山道の上り下り、渡河などに耐えられず、死ぬことが多かった。このため、「頑馬」は馬取たちから忌避され、合戦がたけなわであった時代には、こうした馬はほとんどいなかったと、『雑兵物語』は述懐している。しかしながらこの記事は、武者が騎乗する馬が、「頑馬」ばかりではなかったことも同時に知らせてくれるといえ、合戦に備える武者は、心がけとして馬を大切に飼育し、飼葉だけでなく、滋養をつけさせるために古酒を与え、夏には蚊帳を馬小屋に吊るなど手厚く世話をしていたという。また『雑兵物語』は、気性の荒い馬（即ち去勢していない）だからこそ、軍馬として武装した武者を乗せ、疾駆することが出来たとも記しており、これは近藤好和氏が指摘していることとも一致する（近藤氏前掲論文）。

この他に、馬の集団運用が不可能だとの論断も、慎重な検証を要するだろう。詳細は後述するが、騎馬武者が集団で運用されていた事実が確かに存在するからである。

騎馬武者には、従者の雑兵たちが付いていた。とりわけ馬の管理は馬取（口取）と沓持によって担われていた。ここでも『雑兵物語』によりながら、彼らと馬の動きを見ておこう。馬取と沓持は、馬の動きに常に注意を払っていた。まず馬は餌などをやる時だけ、面《おも》懸《がい》と轡《くつわ》を緩め、馬銜《はみ》を外したが、それ以外は行軍中や戦場で外されることはまずなかったという。それには、噛みつくことなどを防止する意味合いもあったであろう。また、少しの間であろうと、馬を立ち止まらせておく時は、網で作られた仮袴に両前足を踏み込ませ（図13）、馬が逃げ出したり、暴れ出したりしないように細心の注意が払われていた。また沓持は、馬に履き替えさせるための馬沓を大量に背負っており、蹄を傷めないよう気を配っていた。

このように、馬は蹄を傷めぬよう、また暴れぬよう厳格な管理が必要とされていた。『雑兵物語』には、馬が逃げ出したり暴れ出したりすると、他の馬も騒ぎ出して陣中は大騒ぎになり、負け戦になったり、合戦が始まっていなくても、味方の士気が低下するだけでなく恐怖が蔓延し、備が崩壊したりする恐れがあったから、とりわけ重視されていたという。かの松平清康《まつだいらきよやす》（徳川家康の祖父）が不慮の死を遂げた「森山崩れ」は、陣中で馬が暴れて大騒ぎになったことがきっかけであったことは

図13　仮袴をはかされた馬（『雑兵物語』，国立公文書館所蔵）

あまりにも有名である（『三河物語』等）。

戦国・織豊期の馬については、紙幅の関係からこれ以上言及しないが、現在の日本馬に関する研究成果や、馬に関する諸史料をもとに検討すると、日本馬の性能や性質などは、戦場での用途と役割を充分に果たしうるものであったといえるだろう。

武田領国と馬産

武田氏といえば騎馬というほど、両者は不可分な関係があると想定されている。しかし、そもそも武田領国の甲斐・信濃において、その軍事力を支える馬産が果たして盛んであったといえるのであろうか。実は、戦国期の武田領国で、馬産が盛んであったことや、牧などが経営されていたことなどを追究した研究はまったく存在しない。

武田領国は馬産が盛んで、それが武田軍を支えていたと人口に膾炙されているのは、甲斐・信濃は、平安期以来、御牧《みまき》（勅旨牧）が多数設置され、馬が朝廷に貢納されていたことに由来する。周知のように、御牧は甲斐には柏前《かしわざき》・真衣野《まきの》・穂坂《ほさか》牧の三ヵ所（貢上馬数六〇疋）、摂関家領、官司領の牧も小笠原・逸見《へみ》・石間《いわま》・飯野《いいの》牧など四ヵ所が確認される。また、信濃には望月・平井手《ひらいで》牧など一六ヵ所（貢上馬数八〇疋）が設置され、この他にも国牧、後院領、摂関家領の牧も多数あったとされ、日本屈指の馬産地であった。

『延喜式』によると、牧で飼育される馬は二歳（数え年、以下同）を迎えた九月になると、毛色と歯齢が登録され、牝馬は四歳には出産適齢期と見なされて繁殖計画の対象となり、五歳で課役（貢馬）の対象にされたという。しかし、この段階で体格など様々な馬体の吟味が行われ、貢馬には不向きとされた馬は、駅伝馬に常備するための馬とするか、売却するか、百姓に貸与するかし、その対価を牧馬の秣料《まぐさりよう》に充てていた。また牧で死亡したり、役に立たなくなったりした馬は屠殺され、その皮は売却された。以上の慣例は、甲斐・信濃・武蔵・上野各国の牧に広く適用されていたという（信濃国だけは、駅伝馬への配置が適用されなかった）。この記述は、山梨県下から発見された平安・鎌倉期の馬遺体の分析結果と適合することが指摘されている（植月学「甲斐における平安・鎌倉時代の馬産―ウマ遺体の分析による検討―」『山梨県考古学協会会誌』二〇号、二〇一一年）。戦国期甲斐の馬産についてははっきりしないことが多いが、馬の生育状況に対応した扱い方は、戦国期でもさほど相違はなかったろうとみられ、十分参考になるだろう。

しかし、平安・鎌倉期に盛んだった馬産が、室町・戦国期にも継承されており、武田領国の甲斐・信濃の馬産がなおも隆盛だったかどうかは実証されていない。では、何か手がかりはあるのだろうか。そこで注目されるのは、『看羊録《かんようろく》』にみえる記述である。同書は、豊臣秀吉の朝鮮出兵の最中の慶長二年（一五九七）九月に、藤堂高虎《とうどうたかとら》軍に捕縛された朝鮮人儒者姜沆の日本抑留記である。彼は慶長五年に釈放され、故国に帰還を果たすが、伊予国大洲《おおず》で抑留生活を送るうち、日本の僧侶や儒者らと交流を重ね、当時の日本国内の様子を丁寧に書き留めている。その中の「倭国八道六十六州図」は、日本各国の田畠の様子・特産・国級などを簡潔にまとめており、とりわけ甲斐・信濃の記述は注目される。それによると、浅野長政《あさのながまさ》・幸長《よしなが》父子が国主であった当時（文禄二年〈一五九三〉～慶長五年）の甲斐国は「田は〔土層が〕浅く、畠は深い。四方が寒くて陽気がない。草木がよく茂り、牛馬が夥し〔く多〕い」と記され、信濃国（真田・仙石越前守が知行）は「土産は名馬」と特記されている。同書で馬産が記録されているのは、甲斐・信濃の他には常陸国が「牛馬が牧場に充ち」ているとあるだけで、他に記載がない。このことから、まちがいなく甲斐・信濃は戦国期に日本でも特記される馬産地であったとみられる。

武田領国には、伝馬として宿に常駐させる馬を飼育する牧が存在したことは、永禄十年（一五六七）十月、駿河国駿東郡の土豪芹沢玄蕃《せりざわげんば》に対し、小山田信茂《おやまだのぶしげ》が村の荒地を「伝馬牧料」として充行っていることからも知られる（「芹沢文書」『戦武』一一九九号）。これは、武田・今川領国にまたがる伝馬の運用にあたって、武田側が馬の飼育を支援していたことや、牧の運営は土豪・有徳人層によって担われていたことを窺わせる。

また武田一族穴山信君《あなやまのぶただ》・勝千代《かつちよ》父子が制定し甲斐国南部宿に与えた伝馬掟には、「前々より立ち入りが許されていた山林では、草木の伐採を異議なく許可する」とみえ、これは馬の飼育に必要な飼葉の確保を認めたものであろう（「朝夷文書」『戦武』二九〇四・三九八三号）。なお、南部宿の運営を仕切っていたのは、穴山家臣の有徳人佐野宗威軒《さのそういけん》であり、ここでも多数の馬飼育にこうした人々が関与していたことを示している。この他にも、武田領国の土豪・有徳人層らが、多数の馬を飼育し、それを使役して商売や輸送業などを行っていたことは、「馬三疋口一月に三度宛諸役免許せしむるものなり」などのように、武田氏が発給した多数の過書（関所などの役所を通過する際に提示が必要な手形）の文言からも確認できる（拙稿「武田氏の流通統制について」『馬の博物館研究紀要』一八号、二〇一二年）。

しかし、土豪・有徳人層だけでなく、村々の百姓らが馬を飼育していたことを示す史料もある。武田氏の伝馬掟の中には、村々が伝馬負担を忌避しながら、自分の持馬で人や荷物の輸送を行い、勝手に駄賃稼ぎをすることが横行していることに危機感を覚え、これを厳しく禁止し、発見し次第馬を差し押さえることを指示したものが散見される（「植松文書」他、『戦武』九五〇・二六一三・二六一四号）。これは、武田氏が、伝馬制度の空洞化を防ごうとしたものであるが、この事実は在地社会に広く馬が飼育され、輸送や農耕などに利用されていたことをよく表しているといえよう。

また、戦国・織豊期の甲斐には、牛馬に関して特異な史料が数多く残されている。それは禁制である。禁制（制札とも）は、通常、戦場に巻き込まれた地域の寺社・村町などの人々が、戦禍を回避すべく戦国大名に対して礼銭を支払って発給してもらうものである。その内容はおおよそ、①軍勢・甲乙人の乱暴・狼藉の禁止、②陣取・竹木伐採・放火・作毛伐採の禁止、③非分の課役賦課の禁止、などである。ところが、戦争などの非常事態でもないのに、甲斐では寺社などから、武田氏に禁制発給の要請が跡を絶たず、数多くの禁制が、武田信玄・勝頼二代にわたって発給され続けた。しかもその内容をみると、幾多の禁制に「一山林に於いてみだりに竹木を伐採し、牛馬を放つこと」などのような条文がみられ（「法泉寺文書」『戦武』二六二三号）、この傾向は織豊期に入っても変化せず、徳川氏や豊臣大名加藤光泰、浅野長政も同様の条文を保持する禁制発給を続けていた（いちいち例示しないが、詳細は山梨④・⑧所収の文書を参照のこと）。これは、少なくとも東国大名の禁制としては極めて異質である。この禁制は、戦国・織豊期甲斐国の馬飼育法の一端を物語るものではなかろうか。当時の在地社会における馬飼育の実態については、史料の制約もあり不明といわざるをえないが、飼主が寺社などの所有する山林や原野などに牛馬を連れて勝手に入り込み、そこで放牧する野飼が常態化しており、それが寺社と飼主との紛争に発展していたのではないかと想定される。野飼は、『百姓伝記』などにもみえる飼育方法ではあるが、近世では野飼は馬糞・馬沓などを肥料にして耕地にまくことを不可能にしてしまうので、得策ではないとされていた。だが、山林が豊富な地域では、その限りではないとも同書は記している。このことから、山林資源が豊富な甲斐では、広く牛馬飼育が普及しており、飼主が牛馬を連れ馬草を求めて盛んに移動していた証左ではなかろうか。甲斐では「牛馬が夥しくいる」という『看羊録』の記述は、このような事実を反映したものと推察する。

　なお武田方の武士は、良馬を持たぬを恥とし、敵将の馬を分捕ることを合戦の高名よりも重視していたという。『軍鑑』によれば、広瀬《ひろせ》郷左衛門尉《ごうざえもんのじょう》（甲斐衆、山県昌景同心）は、城攻めのさなか、敵の城主が金の馬鎧を着けたひときわ眼を引く馬に騎乗しているのを目撃し「我等能キ馬をもたず、明日城ぜめ有ルならバ高名にはかまふまじ、けさ城主が乗て出たりし、きんの馬よろひかけたる馬をとらん」と味方に公言し、翌日城に押し込んで敵を討たずに、馬を分捕ったという（巻一七）。

これらの事実から、①武田領国では、在地の村々の百姓らが馬を広く飼育していた。これらは農耕馬であるとともに、必要に応じて伝馬として動員された。恐らく、軍役衆（在郷被官）が騎乗する軍馬もこの中から選抜された馬であったと想定される、②伝馬として常備させる馬の中には、土豪・有徳人層が飼育するものも多かった、③彼らはその馬飼育のために牧料を知行として与えられた、④この事実は、在地に牧が存在し、その管理運営は土豪・有徳人層によって担われていたことを浮き彫りにする、⑤彼らの保持する馬には、武田氏から軍役が賦課された際に、馬武者が騎乗する軍馬も当然含まれていたと推察される、⑥つまり土豪・有徳人・百姓の飼育する馬は、日常的には農耕・運輸などの業務に従事し、陣触に伴い、その中から軍馬に相応しいものが動員されたのであろう、⑦なお史料からは確認出来ないが、在地の牧に対し、武田氏直轄の牧の存在も想定され、その牧馬から軍馬・伝馬・農耕馬などに選別され、領国内に流通したのではないか。これは、古代・中世以来の牧の伝統を受け継ぐものであろう。そして軍馬は、武田一族が利用したのはもちろん、給恩として家臣らに与えられたとみられる。北条氏が一騎合衆に与えた給恩の馬とは、大名直轄の牧が飼育した可能性が想定出来る。先に、穴山信君が、駿府商人衆が敵方の境目で行う「半手商売」に際し、夫馬二、三〇〇疋の用意があると伝えた文書を紹介したが、このような大量の馬をすぐに支度できた背景には、戦国大名が日常的に飼育、管理していた可能性があるだろう。ただこの点を含めた戦国大名領国における馬産・馬飼育の実態の究明は、今後の課題としたい。

戦国合戦と騎馬戦法

拙著『長篠合戦と武田勝頼』においても、戦国合戦で騎馬衆がどのような活動をしていたかを検討したが、ここでもう少し事例を加えてその様相を確認しておきたい。ここで使用するのは、戦国合戦の生き残りたちが、後年、自らの戦いぶりを回想した「戦功覚書」「戦功書上」である。この中には、騎馬武者の活躍ぶりが数多く活写されている（これらの史料価値については、鳥居和郎・二〇〇六年、長屋隆幸・二〇〇九年参照）。

まず、戦国期に北条氏の家臣だった上野国の武士桜井武兵衛《さくらいぶへえ》は、後年、自身が参戦した合戦の模様と武功の覚書（「桜井武兵衛戦功覚書」）を書き残している（「桜井文書」『牛久』①二七五号）。

時期は定かでないが、下総国結城の田川というところで、北条氏邦が敵（結城晴朝《ゆうきはるとも》か）と合戦に及んだ時、氏邦は「馬ヲ入勝負」をかけたものの、北条方は井原氏が戦死し、氏邦も鑓傷を受け、危機に陥った。このとき、桜井武兵衛らが駆けつけ、敵を押し崩したという。また天正九年（一五八一）に、伊豆国戸倉（徳倉）城主笠原政晴《かさはらまさはる》が、武田勝頼に内通し、北条氏から離反したことに伴い、これに対抗するために泉 頭《いずみがしら》城に桜井らが在番していた時の様子が記されている。この時桜井らは、湯河表（静岡県駿東郡清水町湯川）で笠原ら武田方と遭遇し、合戦となった。桜井ら泉頭衆は、武田方の朝比奈又太郎《あさひなまたたろう》が「馬ヲ入」てきたため、大混乱に陥り、追い崩され、多数の戦死傷者を出した。桜井武兵衛は、ただ一人とって返し、朝比奈に鑓を二度突き入れた。桜井は朝比奈を討つことは出来なかったようだが、この活躍で武田方の追撃が止まったといい、これが北条方では「高名」と称賛されたという。

この他に、下妻の多賀谷重経の家臣で、後に帰農した野口豊前守が慶長八年（一六〇三）に書き残した「野口豊前守戦功覚書」も興味深い事例をいくつも伝えている（「常総遺文」『牛久』①二八八号）。天正十一年（一五八三）九月、牛久から谷田部城（茨城県つくば市）に向けて軍事侵攻した際に、牛久衆と戦闘に及んだ。この時野口豊前守は、ただ一騎で後備に「乗かけ」て、敵の岡見五郎右衛門《おかみごろううえもん》に言葉をかけたところ、鉄炮五、六挺で狙撃された。後に控えていた味方が、この銃声を聞きつけ、続々と「乗かけ」てきたため、敵は崩れ多数を討ち取ったという。また、小山の雨谷という場所で合戦が行われた時、野口らは敵と遭遇したため、彼らは「馬を入乗くつし」たという。同じく、小山の四日市での戦闘では、野口らが初めから「馬ニ入」て、敵を押し乱し、敵の差物や鉄炮などを分捕ったという。さらに牛久の東輪寺（牛久市）では、味方の糸賀大蔵《いとがおおくら》が鐙で馬から突き落とされ、討たれそうになったのをみた野口が、横合いから「馬ヲ入」て敵の鐙を蹴落とし、大蔵を助けたという。天正十六年十二月、東輪寺の木戸で行われた戦闘では、「鐙下」で飯村豊後《いいむらぶんご》が落馬し（鐙で組み伏せられた）、退きかねていたのを見て、野口と青木治郎《あおきじぶ》が馬を返したため、敵の前進が止まり、豊後を助けた。また、同日行われた小茎村《おぐき》での戦闘では、堀のきわで敵が襲撃してきたので、大木治部《おおきじぶ》とともに馬を返し、これを破ったなどとある。

以上のように、「桜井武兵衛戦功覚書」「野口豊前守戦功覚書」ともに、「馬ニ入」「馬ヲ入」とは、騎馬武者が騎乗したまま敵兵の中に乗り込むこと（「乗かけ」）を指しており、その目的は敵兵を混乱させることにあったことがわかる。これは『雑兵物語』の、「馬をおつ込む」「馬を乗込」とまったく同じである。それは隊列を乱した敵兵を、後続の味方が捕捉、殲滅しやすくすることにあった。戦国合戦を経験した人々、とりわけ東国侍にとっては、騎乗突入というのはごくあたりまえの戦術だったことが瞭然である。

このように『雑兵物語』『軍鑑』や、戦国合戦の経験者達が残した「戦功覚書」ともに、記述される騎馬衆の戦い方は見事に一致、符合していることがわかる。もう一つだけ紹介しておくと、室町時代の明徳の乱を記録した『明徳記』によると、大内義弘《おおうちよしひろ》が室町幕府方の軍勢と対峙した時、大内勢五百余騎は下馬して楯を一面につき並べ、弓兵二百余人を左右に配置したという。その際に義弘は「中を破られるな、敵がもし馬で乗り破ろうとしたら、馬を切って跳ねさせよ、落馬したら押さえて刺し殺せ、もしまた敵も馬から下りて切りかかってきたら、落ち着いて敵を引き付け、組み打ちにせよ」と命じたという。この記述も、馬で敵の備を攻撃する時は、状況に応じて乗り込みか、下馬戦闘かが選択されたことをよく示すものである。このように、味方が有利と判断された場合に、敵を混乱に陥れることを目的とした馬上衆の突入は、常態であったとみたほうが自然であろう。

この他に、外国人が目の当たりにした戦国武者の戦いぶりに関する証言もある。それは豊臣秀吉の朝鮮出兵にあたって、朝鮮に派遣された明軍の記録である。明の記録『経略復国要編』巻六「議乞増兵益餉進取王京疏」（万暦二十一年〈一五九三〉二月十六日）に「もし倭奴が分番休迭の法を用い、ときに遊撃の騎兵を出して我が軍を掻き乱せば、我が軍は進んでも退却できない」と記している（久芳崇『東アジアの兵器革命―十六世紀中国に渡った日本の兵器―』吉川弘文館、二〇一〇年）。このうち「分番休迭の法」とは、射手の交代による、鉄炮を輪番に連続して射撃する輪番射撃のことを指しており、日本軍の鉄炮運用法こそが明軍を大いに苦戦させたことがわかる。それだけでなく、明軍は日本軍の騎馬武者による突撃にも悩まされ、その結果自軍が掻き乱されたと証言している。この様子は、騎馬突入が敵陣を混乱させる（「乗崩」）ことに主眼を置いたとするこれまでの事例や、『軍鑑』の記録などを裏づけるものといえる。

『軍鑑』などに描かれている騎馬武者や騎馬衆の運用法が、どこまで事実かは、今後も慎重に検証しなければならないが、戦国の生き残りが数多く生存していた時代、しかも大坂の陣などの戦塵消えやらぬ時代に成立していた同書は、個々の事件や合戦の内容はともあれ、用兵や戦術などの細部については、虚言を連ねることは出来なかったに違いない。なぜなら読者層に戦争経験豊富な人々が多く含まれている以上、彼らにとってもリアリティがあり、様々な場面で共感が得られなければ成立しなかったと思われるからである。

以上、戦国の合戦では、騎馬は戦闘の展開が有利になった状況下で、それをよりいっそう確実なものにするために、集団で戦場に投入された場合が確かにあったとみられる。それは、馬上打物戦や下馬打物戦の混合という形態であったのだろう。

騎馬衆の集団運用法は、合戦の情勢によっていくつかのパターンがあったのであり、下馬戦闘が不動の原則で、あとは敵の追撃、味方の退却時に騎乗しただけという説は実態にそぐわない。しかしながら、戦国合戦における騎馬衆の運用法については、今後も慎重な検証が必要であろう。なお、織田軍の騎馬衆運用や、戦国大名の軍事訓練などについては、後節に述べる。

陣城と馬防柵

陣城の規模はどれほどか

長篠合戦は、単に馬防柵と多数の鉄炮が投入されただけでなく、織田・徳川軍は、陣城を構築して武田軍に備えており、これが勝利の大きな要因だったと指摘されている（藤井尚夫・藤本正行・鈴木眞哉諸氏）。織田・徳川軍が、陣城を構築していたことは、後掲の武田勝頼書状などからも窺うことが出来るが、長篠古戦場に今も残る陣城遺構の規模や評価については論争があり、現在も決着がついていない。

長篠古戦場に、陣城遺構が残されていると最初に指摘したのは、平成元年（一九八九）に発表された佐伯哲也氏の研究成果（佐伯哲也『佐々成政の付城と陣城』私家版、一九八九年）であるという（髙田徹「三河長篠城及び長篠合戦陣所群に関する検討」『中世城郭研究』一〇号、一九九六年）。その後、池田誠氏が断上《だんじょう》山（弾正山）、茶臼山《ちゃうすやま》、信玄台地の三ヵ所に陣城遺構が残されていることを確認し、その縄張を図化して注目を集めた（池田誠「縄張研究の視点による長篠合戦の再検討―有海原・連吾川両岸高地周辺部を中心に―」『中世城郭研究』六号、一九九二年）。また、長篠合戦の通説に疑問を抱き、共同で調査研究を続けておられた藤井尚夫氏と藤本正行氏も、それぞれ連吾川《れんごがわ》沿いの決戦場に、切岸・空堀・土塁の遺構が残っていると指摘し（藤井尚夫、藤本正行「長篠の戦い」藤木久志編『城と合戦―長篠の戦いと島原の乱―』朝日百科日本の歴史別冊・歴史を読み直す一五、朝日新聞社、一九九三年）、藤井氏はこれをイラストとして発表した（藤井尚夫『復元イラスト・中世の城と合戦』朝日新聞社、一九九五年）。藤本氏も、「現在も（古戦場）西側の丘陵上の織田軍の陣地の跡には、切岸（斜面を急角度に削った城壁）や空堀（水をたたえない堀）などが多く残っている。また東側の丘陵上には武田軍のものとみられる陣地の遺構がある」と指摘している（藤井尚夫、藤本正行氏前掲論文、一九九三年）。さらに、鈴木眞哉氏は、土塁・空堀・切岸の設営された陣城を、敵前築城と規定し、これが鉄炮の大量装備と組み合わされたことから、長篠合戦が野戦ではなく、事実上の攻城戦に転化されており、空前の勝利がもたらさ

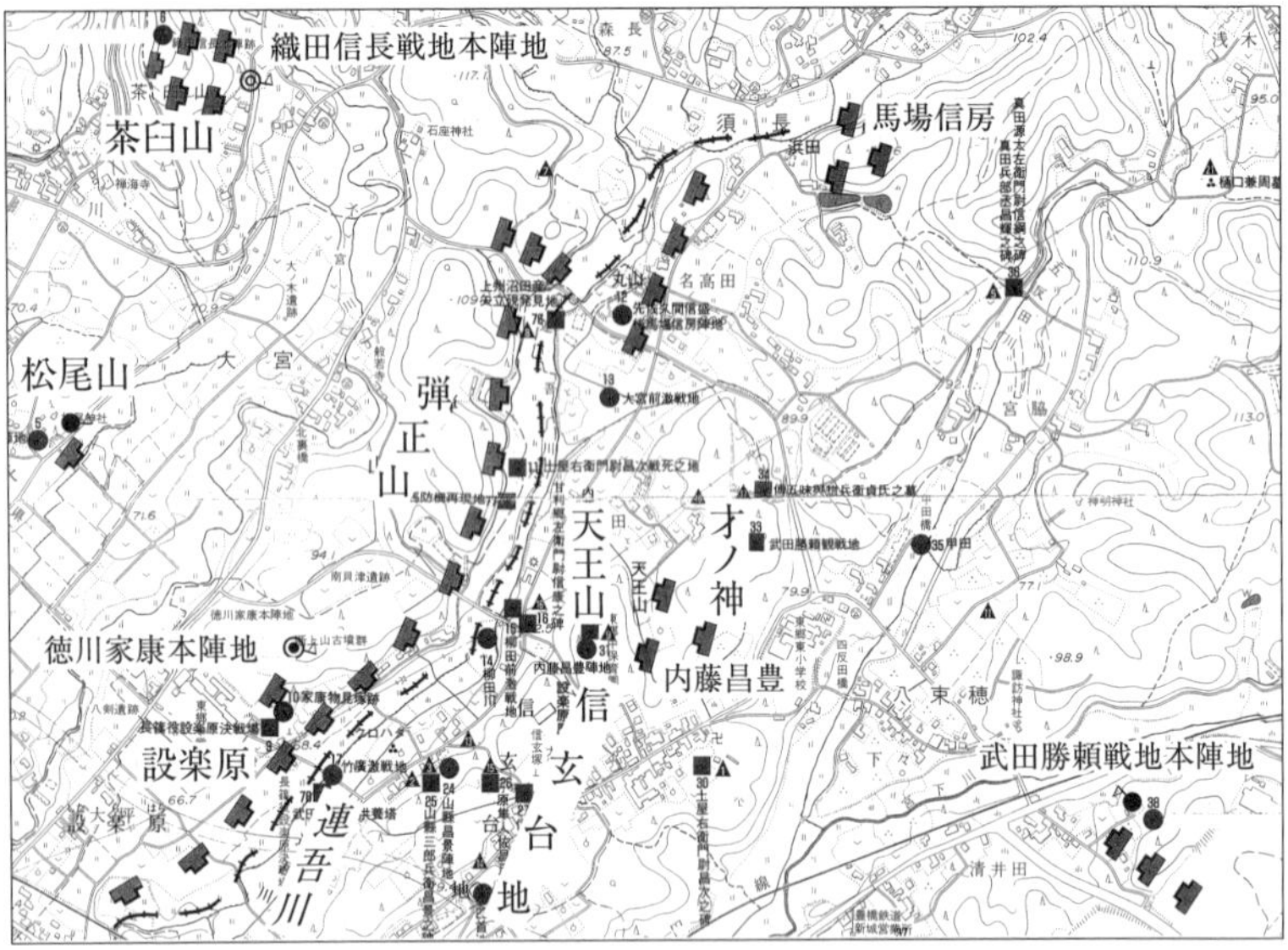

図14　長篠合戦陣場位置図（「長篠・設楽原の戦い史跡案内図」の一部を転載，一部補訂）

れた要因はここにあるという（鈴木眞哉・二〇〇三年）。

長篠合戦に際して、五月十八日に有海原で進軍を止め、武田軍の様子を窺っていた織田・徳川軍が、陣城の構築を行っていたことは、次の武田勝頼書状からも明らかである（岡修理亮宛〈天正三年〉八月十日付、「真田宝物館所蔵文書」『戦武』二五一二号）。

　三州長篠の地を取り詰め候のところ、織田・徳川後詰めのため打ち出で候の条、累年の願望満足せしめ候の間、則時に乗り過ぎ、一戦を遂げ、宗

たるもの数多討ち捕るの条、その刻信長の陣前に至り押し寄せ候ところ、陣城を構え
籠り居り候の間、人数を入れるのみぎり、当手の先衆いささか利を失い候

長篠古戦場に残る陣城遺構の評価

では、決戦場の陣城遺構とはどのようなものなのか。まず初めに、現地踏査を重ね、決戦場の陣城遺構を最初に図化された池田誠氏の主張を紹介しよう。池田氏は、決戦場に陣城遺構が存在することに気づき調査を進め始めたころ、圃場整備事業や工場団地の造成による決戦場の景観と遺構破壊が進行しつつあったことに危機感を覚え、せめて陣城の記録保存が急務だとの使命感から論文を発表したという。池田氏は、地表面観察をもとに、石座山《いわくらやま》（織田信長本陣推定地）、断上山（羽柴秀吉・徳川家康陣地推定地）、茶臼山（織田軍陣地）、信玄台地（真田陣地推定地）、才ノ神（武田勝頼本陣推定地）、天王山（内藤昌豊陣地推定地）などを明確な陣城遺構と認定して緻密な縄張図を仕上げ、長篠合戦は武田軍と織田・徳川軍の双方が陣城を構え、対峙する城郭戦であったとの新説を主張された。また馬防柵は、「長篠合戦図屏風」に描かれているような、連吾川沿いだけに構築されたのではなく、断上山陣城の前にあたる山頂部・山裾部・川岸に敷設されたと推定された。この推定は、陣城の縄張研究と「長篠合戦屏風」（個人蔵の古形態本〈『川中島合戦図・長篠合戦図』戦国合戦絵屏風集成一、中

央公論社、一九八〇年所収〉）を根拠としている。

池田氏は陣城跡の縄張と配置から、武田軍と織田軍の主力軍は、才ノ神と石座山という双方の総大将の陣城正面で対峙し、ここが合戦最大の激戦地になったはずであると結論づけ、武田軍の主力が左翼、徳川軍と正対する場所（竹広地区）が最も激しい戦闘のあったところという長篠合戦の経過に関する通説を批判している。そのうえで池田氏は、これほど貴重な陣城遺構が残存しているにもかかわらず、地元は文化財担当者も含めて認識が薄いために、その破壊が進んでいることを痛烈に批判された。

これに対して、高田徹氏は、現地踏査と聞き取りを重ね、池田説を検証し、次のように述べた。設楽原古戦場（長篠決戦場）には、①確かに人為的な改変を受けたと思しき部分があり、何らかの遺構である可能性は否定できない、②しかし、聞き取り調査を重ねると、開墾、採土のための掘削、墓地や祠などの設置、近世に村境を示すために掘られた結界、近世から近代にかけて人家（すでに撤去されている）を建てた跡地、明治以降に実施された地均し跡、道の敷設や植林に伴う地形の改変などの事例が数多い、③陣城の郭跡とされる平坦地も自然地形の可能性が高い、④古戦場の陣城遺構とされるものと、各地に残る織豊系陣城遺構とを比較すると、後者は主体部分の四囲を規格的に囲うものが大半であり、前者のような円弧を描く堀を巡らせて丘陵を二分するような遺構は存在せず異質である、⑤池田誠氏や藤井尚夫氏が図化した陣城遺構の縄張図を比較すると、堀・郭・切岸の痕跡に関する評価には相違がある、⑥また、池田・藤井両氏とも、陣城遺構の可能性を残す部分と、聞き取りや地形の状態等の観察でおよそ明らかになる後世の改変部分とを、図の表記で混同している、⑦このことは、聞き取りや現状地形の観察によって、陣所遺構ではないと識別できる範囲の地形を全て陣所遺構であるかのように表記する行為といえ、資料操作の誹りを受けかねない、⑧以上のように考えるならば、近世以来、陣城跡との伝承や記録、絵図が残り、遺構も確認できる医王寺陣所跡（長篠城攻撃に際しての伝武田勝頼本陣跡）だけが、長篠合戦における陣城、陣所遺構と判断でき、その他は地表面観察の範囲内では明確な回答は引き出すには至らない、と（高田氏前掲論文）。

これらの指摘は、極めて重要である。ただ、高田氏は「設楽原の陣所遺構の存在や、陣所以外の遺構、即ち城郭類似遺構の図化行為等を全く否定するものではない」とも述べ、文献や絵図資料及び地元での聞き取りと、地表面観察を重ねた縄張図化（遺構の客観的資料化）の必要性と、歴史資料としての可能性を強調している。私も高田氏の意見には賛成で、特に氏が指摘する⑤にはとりわけ危惧を覚える。それは、地表面観察による「遺構」

評価が、人によって違うということを意味しているからである。資料は誰もが検証が可能で、比較観察して承認出来る客観的なものでなければならない。だが、人によって図化の内容が相違するのであれば、それは主観的判断とみなされ、むしろ恣意的な（そうあって欲しい、そうであるはずだ）解釈にもとづく資料化といわれる危険性が高い。もちろん、検証しようにも、「遺構」と判断した場所が開発などで破壊された場合には、それもかなわなくなってしまうことはありうる。池田氏の調査研究も、そうした危惧を背景に行われた、極めて真摯なものである。だが、いかに真摯な調査研究であっても、その方法論に問題があれば、むしろ混乱を招き、歴史の評価に悪影響を及ぼす危険性があろう。地表面観察を軸とする縄張研究は、城郭遺構の研究上、必要不可欠であるが、それ自身は図化の前提となる地表面の特徴を、何を根拠に堀・土塁などの人工的改変と判断するかという、評価も含めて仮説の段階であると考えるべきであろう。それらの評価は、考古学や文献史学の成果、さらに聞き取り調査の結果とつきあわせて慎重に行われなければならない。

このように、城郭研究者の間でも、長篠決戦場の陣城遺構については、評価が真っ二つに分かれているのが現状である。また、池田誠氏の問題提起を受け、地元の研究者たちが結成した設楽原陣城研究会も独自に調査を進め、文献史料の再検討、陣城とされた断上山・信玄台地にある遺構について、現地の聞き取り、地籍図や地表面観察の見直しなどを重ねた。その結果、①織田・徳川軍が大規模な城普請を行うだけの時間的な余裕はほとんどないこと、②地元には陣城の存在についての伝承はまったく存在せず、③また織田軍が陣取っていた断上山のうち、まったく開発の手が及んでいない場所もあり、そこにこそ遺構が多数残っていてもよさそうであるにもかかわらず、堀・土塁などの痕跡が見られないこと、④「遺構」と池田氏が認定された場所の多くは、明治以来の開墾による痕跡である、と結論づけている（設楽原陣城研究会「陣城はあったか―設楽原からの報告―」『設楽原歴史資料館研究紀要』第七号、二〇〇三年）。なお、設楽原陣城研究会は、池田誠氏が断上山一帯に何らかの陣城遺構があったはずなのに、その多くはすでに工場用地として整備、破壊されてしまっており、それを容認した地元市教育委員会の文化財担当者の質と責任を問うと厳しい指摘を行っていることに対し、ここは周知の埋蔵文化財包蔵地であり、整備に先立って発掘調査が行われ、調査報告書も刊行済みであることや、その際に全長二〇〇《メートル》、高さ五〇《センチ》の土塁と、深さ一《メートル》前後の堀状遺構も発掘され、長篠合戦に伴う遺構ではなく、近世の竹広村と大宮村の地境を示すための堀であると判明したとの反論をも行っている。これは極めて重要で、陣城遺構とされる部分に、考古学の調査が実施された数少ない成果といえ、その結果が長篠合戦の遺構ではないとされたことは注目される。

しかしながら、武田勝頼が織田・徳川軍の陣所を「陣城」と認識し、呼称している事実をどう考えるべきか。『軍鑑』は、「(織田・徳川軍は)節所を三ツまで構、柵の木を三重にふりて待ちかまへている所へ、面もふらずかゝるは、敵四人こなた一人のつもりなれ共、節所と柵の木を考れば、是又敵に十万の加勢なり、縦へば十七万の人数を籠たる城を一万六千にて責たるごとくなり」「柵の木を二重まで破るといへども、味方は少軍なり、敵は多勢なり、殊に柵の木三重まであれば、さながら城せめのごとくして、大将ども尽鉄炮にあたり死す」などと記している。

織田・徳川軍は、陣前に「節所」(切所)を三つ設定したのだという。これは三重の馬防柵そのもののことだけを指す可能性もある。しかし何らかの別の防御施設のことを示すとの解釈の余地もある。それは慎重な検討を要するが、後ほど馬防柵とあわせて検討したい。

なお、藤本正行氏は、長篠古戦場に残る切岸や空堀など陣地遺構の存在を指摘しながらも、武田勝頼が大和国松永久秀家臣岡修理亮《おかしゅりのすけ》に宛てた書状で、陣城の存在が敗退の理由であるかのように記していることについて、「空前の大敗北を喫した勝頼による事実の歪曲が明瞭に認められる」と主張している。

しかし、勝頼は、決戦前夜にあたる五月二十日、家臣今《いま》福《ふく》長《ちょう》閑斎《かんさい》（駿河久能城主）、三《み》浦《うら》員《かず》久《ひさ》（駿河衆）に宛てた書状において、織田・徳川軍の陣地を撃破する意気込みを語っている。このことは、勝頼にとって、織田・徳川軍の陣城は、さほど脅威と受け取れるほどのものではなかったからであろう。

織田・徳川軍の馬防柵

戦国合戦で、敵の攻撃を防ぐべく、野戦においても柵などの防御施設を構築していたことは、多くの史料から確認出来る。これを無視して攻撃を仕掛けた武田勝頼は、無能であったといわれるが、果たしてそうであろうか。また、織田信長はあらかじめ柵の材料を岐阜で調達し、これを長篠の戦場まで運ばせて馬防柵を構築させたといわれ、これが信長のすぐれた作戦立案と計画性の実例とされ、彼の軍事的天才を示すものといわれることが多いが、これも事実なのか。また信長が構築した馬防柵とはどのようなものであったろうか。

まず、馬防柵から検討しよう。長篠合戦の際に織田・徳川軍が敷設した馬防柵を、武田方は「しゃくき」「しゃく」と呼んでいた（『軍鑑』）。この「しゃく」とは柵の訛などではなく、尺木の略称に他ならない。尺木とは、「廻一尺木」のことで（「矢部文書」『戦北』一一三一号）、目通り一尺まわり（胴回り約三〇チセン）の木を指す。これは柵を構築する材料として、当時一般的に使用されたもので、北条氏は戦場において、「何の山にても見立て次第に剪るようにせよ」と指示している（同前）。また事前に尺木を大量に確保していた事例もあり、信濃国松本城主小笠原貞慶《おがさわらさだよし》は、天正十一年（一五八三）七月に、軍役衆に対し、知行貫高一〇〇貫文につき尺木を一五本ずつ納入するよう指示している（「中田文書」『信』⑯七三）。この時、貞慶は納入すべき尺木の寸法を、太さ一尺三寸、長さ八尺、材質は檜・椹《さわら》・栗に限定し、他の木は無用としている。注目すべきは、栗木を指定していることで、これは燃えにくいことで知られる。また、「尺木は一騎合までことごとく出合い結うべし」とあるように、戦陣で尺木を結う作業は、雑兵や夫丸だけでなく、一騎合衆などの武士も動員して行われていた（「豊島宮城文書」『戦北』一九二三号）。このように、戦場において尺木で柵を結うことは、織田信長の独創などではなく、東国の戦国大名でも野陣を張る際には普通に行われていたことがわかる。

馬防柵の材料はどこで調達されたか

では、信長は柵の材料を本当に岐阜から運んだのであろうか。そう明記する記録は、同時代史料はもちろん、『信長記』『三河物語』を始めとする準同時代史料にも存在しない。それは、『三河記』『武徳編年集成』『武徳大成記』など、江戸時代をかなり下って編纂された軍記物でしかない。そこには、信長が岐阜を出陣する際に、兵士一人につき材木一本、縄一束を持たせたとある。しかし、これを検証する決め手に欠けている。

だが、この逸話を否定する手掛かりが実は存在する。それは『甫庵信長記』の「先ず陣取の前に柵・逆母木を丈夫に付けさせらる」という記述である。織田・徳川軍が陣前に構築した馬防柵は、事実かどうかは定かでないが、「屏風」の伝えるところでは、織田軍の柵は数本の縦木を三本の横木で、徳川軍は横木二本のみで固定する形態であった。しかしその柵の材料となった尺木の様子をみると、伐採した尺木から枝葉を払い、長さを均等になるよう切り分け調整しながら作成されたと推定できる描かれ方をしている。私がここで、『甫庵信長記』の記述に拘るのは、もし岐阜からある程度加工された尺木を運んだのであれば、逆茂木の材料は別途調達したことになるからである。逆茂木は、柵の材料となる原木から払い落とされた木の枝を利用して構築される。これを敵の攻撃を受けそうな場所に並べ、敵の方に向けて密集して植えるのが逆茂木で、そうすることで敵兵の動きを止め、狙撃が容易となる効果が出る。つまり、逆茂木が柵と一体となって構築されたのであれば、材料の尺木は戦場に近い三河で自然木を伐採して調達したと考えるのが順当といえ、岐阜であらかじめ用意したというのは事実ではなかろう。織田軍は、敵に向けて塀・柵・乱橛・逆茂木を重ねて構築することを「逆要害」と呼んでいた（「下条文書」『信長補遺』一九九号）。

また、柵が構築された場所と範囲については、『信長記』は徳川軍と滝川一益《たきがわかずます》軍の前面としか記していない。「屏風」は、合戦場のほぼ全域に及ぶ連吾川沿いに構築したように描き、地元の伝承では南は連吾橋を起点に北は森長まで、つまりほぼ全戦線に敷設されたという（設楽原陣城研究会前掲論文）。ここでは通説に従い、連吾川沿いのほぼ戦場全域に渡って柵が構築されたとしておこう。

馬防柵構築に関する唯一の文書

ところで馬防柵の構築について、その経緯を語る唯一の文書がある（図15、「龍城神社文書」『愛知』⑪一〇九五号）。

先刻申し含め候場所のこと、様子を見積もられ、柵等よくよく念を入れらるべく候こと肝要に候、馬一筋入れ来たるべく候、恐々謹言

五月十九日　　　　家康（花押）

石川伯耆との

鳥居彦右衛門との

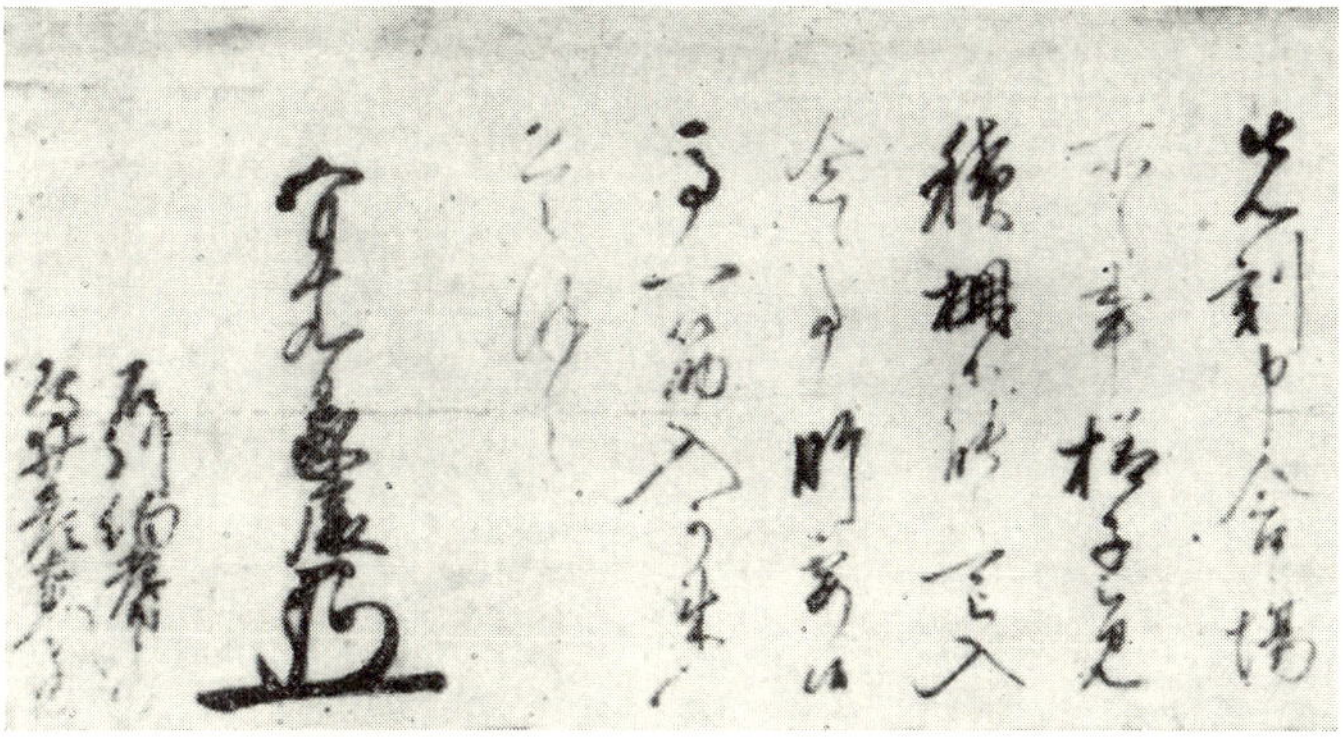

図15　石川数正・鳥居元忠宛徳川家康書状

家康は、石川数正《いしかわかずまさ》・鳥居元忠《とりいもとただ》に対し、先に柵などの敷設を命じた場所について、様子を見極めた上で入念に作るよう指示し、武田軍は馬一筋に突入して来るであろうと予想している。つまり、武田軍の騎馬攻撃を想定した柵等の構築を、慎重に実施させていたわけである。

ところでこの文書については、新行紀一氏が信憑性に疑問を呈している（新行紀一「設楽原決戦の歴史的意義」『設楽原歴史資料館研究紀要』創刊号、一九九七年）。新行氏は、こうした内容ならば、伝令を出せば済むことなのに、わざわざ書状を出す理由がないこと、書札礼に問題があることを偽文書と判断した根拠に掲げている。この家康文書は、戦災で焼失し現存しないが、『岡崎市史別巻徳川家康と其周囲』中巻（岡崎市、一九三四年、名著出版復刻、一九七二年）に写真が収録されている。だがこの文書の真贋判断については、徳川家康の原文書を多数調査した経験がない筆者には困難である。文字や花押を一見してさほどの違和感はないと思われるものの、判断は今後の課題としておきたい（なお『愛知県史』資料編一一は、正文と判定している）。

ただ、この文書が原文書であると仮定した場合、伝令でも済む命令内容を書状にする必要があるのかという新行氏の疑問については、あえて書状を仕立てることにより、家臣に意図と指示を徹底させる効果を狙ったものとの解釈も可能である。とりわけ、大名当主が自筆文書を認めるのにはそうした意図が込められていることが明らかにされており（柴辻俊六「戦国大名自筆文書の考察」同著『戦国期武田氏領の展開』岩田書院、二〇〇一年に収録、初出は一九九七年、鴨川達夫「武田信玄の自筆文書をめぐって」『山梨県史研究』一二号、二〇〇四年）、この文書も家康がさきほど申し含めた命令の重要性を、より重臣に徹底させるためにあえて書き与えたと考えることも出来るだろう。

柵の規模と付属構築物

次に、柵の規模と付属構築物について検討しておく。まず、長篠合戦の馬防柵は、三重柵であったといわれる。その根拠は『軍鑑』であり、この他に「本多家武功聞書」などが続き、時代が下がって成立した軍記物は、

『軍鑑』を踏襲する記述が目立つようになる。また、三重柵は、柵間の虎口を図（図16）のようにしつらえ、武田軍の直進を防ぐ工夫がなされたと指摘する。柵は三〇間から五〇間ごとに門戸を設け、反撃のための用意としたとされ、現在でもこれを踏まえた復元が長篠古戦場で行われている。これらは、高柳光壽『長篠之戦』で世間に流布したが、実は渡邊世祐「長篠の戦」（『大日本戦史』）をそのまま引用したものである。さらに渡邊氏の依拠したものは、参謀本部編『日本戦史・長篠役』の記述であり、その出典は『武徳大成記』『武徳編年集成』『参州長篠軍記』であって、極めて信憑性に乏しい。どうも、三重柵を構えたのは事実のようであるが、出入りのための門戸を設置するなど、複雑な構造にした可能性は低いのではないだろうか。

図16　馬防柵概念図（高柳光壽『長篠之戦』より）

　さらに、織田・徳川軍は、柵の他に土塁や空堀まで構築したとされる。だがこれも、前記の三史料のほかに、『改正三河後風土記』などにしか所見がなく、信憑性に問題があり、事実かどうかは判断出来ない。つまり文献史料から、土塁や空堀の構築を明確に論証することは出来ない。

　『軍鑑』は三重柵とともに、切所を三つまで構えたと記すが、これは武田方の生き残りの証言を踏まえたものであろうし、武田遺臣の間では著名な逸話として流布していたであろうから、これは事実なのであろう。ただ『軍鑑』は、具体的にそれが何かを語っていない。恐らくその一つは、『甫庵信長記』のいう「逆茂木」であろう。次に考えられるのは、『信長記』が唯一記録する「身かくし」である。これは弓矢、鉄炮の攻撃を防ぐための施設であり、楯などを立て並べてその後ろに鉄炮衆が潜んだことを指す可能性がある。ただ、これを土塁と解釈する余地も十分考えられるだろう。武田氏の場合も、鉄炮衆が身を隠しながら敵兵を射撃する遮蔽物として「一鉄炮ざま、つち一俵を以す」(『軍鑑』巻一六)という記録がある。これは土俵(土嚢)を積み、これに拠りながら敵の弓・鉄炮を避け、射撃したことが窺われる。実態は定かではないが、「身かくし」を構築していた事実は、織田・徳川軍も武田軍の鉄炮と弓を想定して鉄炮衆を保護する準備をしていたことを示すものだろう。

残る一つは、連吾川から断上山にかけての自然地形そのものが、要害(切所)として立ちはだかったのではなかろうか。『甫庵信長記』に、自然の崖や窪地に拠りながら、武田軍の攻勢に反撃する織田・徳川軍兵卒の様子が「すは敵馬を入れ来るぞ、谷深き所又は溝を前にして鉄炮を伏せ五間・十間まで引付け打つべし」と描かれている。ここでは、鉄炮衆が谷や溝を前に当て、これで武田軍の突入を阻止しながら、射撃をしていることが明瞭である。このうち、「谷深き」とは、連吾川の浸食で形成された高い川岸のことを指すのであろう。この場面は、徳川軍やその右翼を守っていた佐久間信盛《さくまのぶもり》隊の戦闘ぶりを描写したものだが、実際に彼らが布陣していた、竹広から連吾橋にかけては、なだらかな地形だが、連吾橋より下流の連吾川は、現在でも急激に豊川に向かって落ち込み、崖の如き地形になっている。また、現在では想像がつかないが、連吾川の岸が織田・徳川軍陣所に向かってかなり高くなっていた可能性がある。この他に、『甫庵信長記』には「溝」が登場するが、これが自然地形なのか、空堀を指すのかどうかは判断出来ない。だが、浅い溝を掘り、これを塹壕に利用していた可能性も否定出来ない。

既述のように、織田軍は、敵に向けて柵・逆茂木などを重ねて敷設することを「逆要害」と呼称していた。こうした重層的な防御施設の構築を、武田勝頼は「陣城」と認識して書状に書き、また武田方の将兵が「さながら城攻めのようだった」と述懐したのではないか。『軍鑑』は、織田・徳川軍の防御施設を「さながら城攻めの如し」と記し、陣城や城とは記述していない。これは柵の他に、三つの「切所」を敷設した重層的な防御施設を、城普請の結果とは認識していなかったことを示唆するのではないだろうか。

つまり、長篠合戦において、織田・徳川軍は、断上山などの地形を大規模に改変するような、城普請に近い陣城構築を実施しておらず、自然地形に、柵と逆茂木、身かくしを効果的に敷設、配備し、それを勝頼が陣城と認識したのではないだろうか。

最後に、武田軍は柵と逆茂木を敷設した「陣城」で鉄炮衆が待ち受ける織田・徳川軍に対し、何らの手立ても講じず、遮二無二攻撃を仕掛けるだけであったのだろうか。

武田軍の馬防柵対策とは

当然、柵を破る工夫を様々な形で試みたのではないかと考えられる。それが出来なければ、そもそも合戦にならないからである。『軍鑑』には、武田軍は長篠合戦で、織田・徳川軍の三重柵を引き破ったとあり、何らかの方法でこれを実現させたと考えられる。だがその方法について、『軍鑑』は何も語っていないため、判然としない。しかし手がかりはある。長篠城攻防戦において、武田軍は鹿の角で作った熊手のようなものを城の塀に引っかけ、これを引き倒したと記録されている（『当代記』）。このような、縄の先端に鹿角や鉤をつけたものを柵に向かって投擲し、引っかけて引き倒したということが想定出来よう。また逆茂木も、取り払う努力をしたのであろう。この他に、兵卒らが決死で柵を手で引き倒したということもあるだろうが、どれも大きな損害を伴ったと思われる。

以上のように、柵を陣前に構築するという光景は、東国でもさほど珍しいことではなく、武田勝頼が決戦に踏み切ったのも、織田・徳川軍が見慣れた野陣を張っていたからではなかろうか。東国の戦国合戦でも、柵の敷設は普通にみられたのであるから、その経験則から武田方は、これを突破できると考えたのであろう。少なくとも勝頼は、脅威を覚える陣城とは認識していなかった。しかし、いざ合戦が始まった時、武田軍将卒らは、野戦ではなく、まるで城攻めに引きずり込まれたかのような強力な防御と抵抗に遭い、苦戦を強いられることとなった。その意味で、鈴木眞哉氏による「野戦から攻城戦へ」という長篠合戦の性格規定は、首肯しうるといえるだろう。

長篠合戦を戦った軍勢

戦国の軍隊と合戦

信長・家康の軍隊と勝頼の軍隊

織田信長の軍隊といえば、「兵農分離」の軍隊＝職業軍人の精鋭であり、先進的性格を有していたとよくいわれる。これに対し、武田勝頼の軍隊は、郷村の土豪・有徳人・有力百姓層を動員した軍役衆（在郷被官）の比重が大きく、「兵農未分離」の軍隊＝農兵による編制であるが故に農事暦に規定されがちで、長期戦に不向きであり、訓練度も低い後進的性格であったといわれてきた。

しかし、最初にはっきりいえることは、織田信長や徳川家康の軍隊が、「兵農分離」であったことを証明した研究は一切存在しない。それどころか、織田・徳川氏の軍役に関するまともな研究はなく、さらに両氏の史料を博捜しても、軍役に関わる史料がほとんど残されていないのである。この点、武田・北条・上杉氏の東国大名の方がよほど史料も豊富で研究も進んでいるといってよい。

信長が「兵農分離」＝職業軍人化＝城下町集住を推進していたことについて、その事例として事あるごとに取り上げられるのが、『信長記』巻一一に記録される信長の旗本衆（御弓衆・御馬廻）の逸話である。

天正六年（一五七八）正月二十九日、安土城下の御弓衆福田与一《ふくだよいち》の家を火元とする火事が起きた。これを知った信長は、妻子を連れて安土に引っ越してきていないことが原因と断じ、家臣菅屋九右衛門《すがやきゆうえもん》を奉行に任じ、ただちに着到を付け改めさせたところ、旗本の御弓衆六〇人、御馬廻六〇人の合計一二〇人が妻子を帯同していないことが判明した。信長は彼らを「折檻」（処罰）することとし、火元が弓衆福田であったことから、岐阜城の織田信忠《のぶただ》に命じて奉行を派遣させ、尾張に妻子を住まわせていた御弓衆の私宅にことごとく放火し、周囲の竹木まで伐採した。これに恐懼した御弓衆らの妻子は、取る物も取り敢えず安土に移住したという。さらに罰として、安土城下南側の入江の内側に新道を造らせることでようやく赦免したと記されている。これは、信長が家臣の城下集住＝兵農分離を強行したことと、彼の専制性を示す典型的事例として語られるが、果たしてそうであろうか。この記事を見る限り、御弓衆や御馬廻衆の尾張にある私宅は、周囲を竹木で囲まれている様子が窺われるので、郷村に生活の基盤を置く土豪層だったのであろう（但し、彼らの知行=所領の実態が定かでないので断定できない）。つまり、彼らは武田氏でいうところの、軍役衆に相当すると推察される。

ところで、彼らは信長の旗本衆の中核であり、すぐに出陣する信長を警固せねばならぬ立場にあった。彼らが城下への居住を命じられた理由は、そこにあったとみてよい。恐らく、知行からの収取や蔵米からの扶持で生活していたものであろう。なお、信長がここで問題にしているのは、彼らが城下の屋敷に妻子を伴っていないことに尽きる。それは、旗本である者たちが人質を主君に差し出さないことを意味する。戦国大名が城下町に家臣の屋敷を造営させるのは、日常的に出仕をさせるという主従制の根幹に関わるためであるとともに、妻子をそこに住まわせるのは、人質を差し出すという意味合いがあるからである。だからこそ、信長は主従制の原則を逸脱した言語道断の所行として断罪したのである。

では武田氏の場合はどうであったろうか。武田氏も、家臣の城下集住は、すでに武田信玄の父信虎が甲府建設を実施した当初から推進しており、これに反発した国衆の叛乱を鎮圧したことはよく知られている（『勝山記』『妙法寺記』）。武田氏への奉公の形態については、「在府」（甲府居住）と「在郷」のままのものとの両様があり、それぞれは自身の選択か武田氏の指示によって決定されるものであった（在郷奉公の申請の事例については、「判物証文写」『戦武』二〇三五号など）。武田氏の本拠甲府の家臣屋敷には、家臣の多くが妻子（人質）とともに住み、軍役などの奉公を勤めていた。彼らには、当然本領が存在したが、「在府」の「奉公」の見返りとして別途知行地と年中扶持米を与えられていた（遠江衆天野氏などの事例、「天野文書」『戦武』二二〇八・二二一四号）。

また、重臣層のうち、駒井《こまい》右京進《うきょうのじょう》昌直《まさなお》（駒井高白斎の子）の事例は示唆に富む。駒井昌直は、武田信玄・勝頼に仕えた重臣で、甲府要害山城や、天正二年（一五七四）からは駿河深沢城の城将を歴任し、武田氏滅亡後は、徳川家康の命を受け武田遺臣の組織化を担った人物である。彼は、武田氏滅亡直後、家康から知行安堵状を与えられた（「記録御用所本古文書」『家康』三五四頁）。それによれば、駒井昌直の本領は、甲斐国千塚郷（甲府市）内で一〇〇貫文、成田郷（笛吹市御坂町）内で一〇〇貫文、河東中嶋（昭和町）で三七〇貫文、積翠寺《せきすいじ》（甲府市）で三〇貫文、切指（切差、山梨市）で四貫五〇〇文の合計六〇四貫五〇〇文であり、この他に西郡郷代官（甲府盆地西部の御料所代官の職務であろう）と積翠寺の屋敷などが安堵された。駒井氏の甲府屋敷は、要害山城下の積翠寺地内に伝えられており、家康が安堵した「積翠寺之屋敷」とはこれを指すものと思われる。また、駒井昌直屋敷は、名字地の駒井郷（韮崎市）に伝えられている（『日本城郭大系』第八巻、『山梨県の中世城館跡』）。ところが、徳川氏の知行安堵状の本領の中に、駒井郷は一切含まれていない。つまり、駒井昌直の本領駒井郷と彼の屋敷周辺は、すべて他人の知行地であり、駒井氏の所領は全く存在しないのである。このことは、武田時代に駒井氏は駒井郷の知行地を他に振り替えられていたことを示し、彼は屋敷を拠点に地域支配を行う「在地領主」の性格を喪失していた。同様の事例は、重臣青沼助兵衛尉《あおぬますけべえのじょう》などの場合にもみられ（「譜牒余録」『家康』三九九頁）、この傾向は、重臣層という大身ほど強くみられる。

また柴裕之氏によれば、武田氏は、他国の有力国衆（外様国衆・先方衆）に対しても、必要に応じて本領を取り上げ、他所にそれを振り替る「転封」「移封」を実施している。例えば、信濃国衆小諸大井高政《おおいたかまさ》・満安《みつやす》父子は、永禄十年（一五六七）十月、上野国箕輪《みのわ》在城を命じられ、同時に信濃の本領を収公され、上野に替地が与えられた（「朝河貫一氏所蔵文書」『戦武』一二一七号）。また、遠江国衆小笠原信興《のぶおき》（もと氏助《うじすけ》、高天神城主）も、武田氏より天正三年（一五七五）十月末以降に、高天神城とその周辺の所領を収公され、駿河国に振り替えられている（柴裕之「武田氏の領国構造と先方衆」平山優、丸島和洋編・二〇〇八年所収)。このように、本領に屋敷を構え、農業経営に自らも携わりながら(手作地などの所有)、地域支配を行うという在地領主としての性格を、武田氏の場合も上級家臣ほど保持していないと想定される。つまり、彼らは農業経営から遊離した「兵農分離」を遂げていたことになる。同様の事例として、北条氏も小机《こづくえ》衆がそうであったと近年指摘されている(西股総生・二〇一二年)。

では彼らは、知行(所領)からの年貢・公事収取をいかにして実現しえたのか。本題からは大きく外れるので、詳しく述べないが、例えば武田重臣土屋昌続《つちやまさつぐ》は、甲府に所持する屋敷の他に、本領の徳永郷(南アルプス市)にも屋敷を所持していた。彼の知行分布については定かでないが、甲斐国山梨郡萩原郷(甲州市)に遠隔地の知行を持っており、それは萩原郷の村請によって納入されていたのである。また昌続は、農業経営などには直接関与しないが、勧農などの村の生産を円滑にする義務を、地頭として果たさねばならなかった(拙著『戦国大名領国の基礎構造』校倉書房、一九九九年)。しかしながら、村請という形態にせよ、彼らが遠隔地所領の収取を実現しえたのは、最終的に武田氏の権力に依存していたからである。もし年貢・公事を対捍すれば、武田氏によって遠隔地所領の百姓らは譴責され、地頭の不利にならぬよう配慮されていた。例えば、武田龍宝《りゅうほう》(信玄の次男、勝頼の異母兄）の御料所河原部郷（韮崎市）では、百姓達が年貢の籾俵を甲府に輸送、納入することを渋り抵抗した。そこで武田氏は、年貢納入と輸送を厳命し、渋る者は成敗するように命じている（「山下家旧蔵文書」『戦武』二一九七号）。このように、最終的には武田氏の後ろ楯なくして、本領や恩地からの年貢・公事収取は不可能だった。それは結果的に、家臣達は武田氏への依存度を強める契機になったわけである。

さて問題となるのは、寄親たる彼らの麾下に編制された同心・寄子衆である。その多くは、武田氏より棟別役などの諸役賦課を免除され、参陣を命じられた軍役衆（同心衆・御家人衆・直参衆などとも呼ばれる）であり、家産を郷村に置く土豪・地下人・有徳人層であったことは事実である。だがこれをもって、武田軍＝「兵農未分離」の古い体質の軍隊と規定するのは早計であろう。

信長の軍隊も、既述のように、本国尾張で土豪層を旗本にして動員していたし、征服地においても、地域の国衆や土豪層をそのまま織田氏に吸収し、織田重臣の与力などにすることで編制されていた。つまり、滅亡した戦国大名の家臣や軍役衆らをそのまま編制しているのである。とりわけ土豪層の多くは、村に家産を展開している在郷被官（武田氏の軍役衆・御家人衆に相当する）に他ならなかった。だが国衆クラスになると、信長はもとの所領を没収して転封を指示することも多かった（例えば長岡藤孝など）。これは既述の通り、武田氏でも認められることである。また豊臣秀吉の軍隊ですら、戦国大名を統合した軍隊であったから、上杉・毛利・島津・伊達・佐竹氏などは、戦国期以来の在郷被官を多く編制しており、彼らを完全に除いて構成されてはいなかった。また、「兵農分離」の要件とされる城下町集住や他国への移住も、既述のように戦国大名も実施しており、しかも奉公の形態（在府か在郷か）は、自身の選択か大名の指示によるものであった。最終的には他国に移住するか否かも、彼らの主体的な選択にかかっていた。その場合、武士になるか、村に残るかは、村の侍身分の家内部の問題に過ぎず、大名権力は一切関与しなかった。村の侍にとっては、仕官を継続すべく、大名とともに遠国へついていくか、それとも家を捨てず村に残るかという選択に他ならなかった。その場合も、多くは兄弟や一族が各々どちらかを選び、仕官する道を選んだ者は村の家を出て去り、村の家を継ぐものはそれまでの生活の継続を選択することで、二つの途をともに維持しただけに過ぎない。

また豊臣政権から江戸幕府成立にかけて、「兵農分離」が進んだとされるのは、戦争の終結により、侍だけでは不足する軍事力を牢人や村々からの在郷被官を動員することで賄ってきた事態が終息を迎え、その多くが不必要となったからである。「兵農分離」とは、統一権力が実施した政策ではなく、戦国終焉という社会状況がもたらした結果に過ぎない。繰り返しになるが、そもそも「兵農分離」が織田信長の軍隊から始まり、豊臣秀吉に引き継がれたというのはまったくの幻想であり、実証されていない事柄である。以上の検討を踏まえると、信長の軍隊＝兵農分離の先進的軍隊、武田の軍隊＝兵農未分離の後進的軍隊という、人口に膾炙された図式は成立しない。

織田・徳川氏の軍役

では、織田信長や徳川家康の軍隊は、いかなる形態で徴兵され、どのように編制されていたのであろうか。織田・徳川氏の史料を見ると、本国、征服国の区別なく従属した国衆や土豪層にも知行安堵を行っていることがわかるので、東国戦国大名とほぼ変わらぬ徴兵と編制を実施したと推察される。ただ、東国大名のように、棟別・諸役などを免許し、軍役動員を実現するという形態は、まったく史料が残されておらず、確認出来ない。

また、織田・徳川氏は、家臣に軍役定書を発給した事例が確認出来ず、知行高に応じた軍役賦課の様子が一切不明といわざるをえない。織田信長の最新研究である池上裕子『織田信長』（吉川弘文館、二〇一二年）によると、信長は直臣の所領高を把握せず、それにみあう軍役量を規定しなかった。むしろ信長は、軍役量を規定せず戦果のみを求めたという。

つまり信長は、家臣の軍役数を定めないまま、本領を安堵し、新知行を与え、それに応じて家臣自身の自己責任と裁量で兵数や装備を確保させたというのである。この場合、どれだけの兵力と装備を用意出来たかは、家臣の忠誠心と密接に関わるから、常に信長の目が光ることとなり、むしろ定量の軍役数を規定するよりも、家臣たちは過重で際限なき軍役を課せられる結果となったという。

だが、果たしてそうであろうか。確かに信長・家康ともに軍役に関する史料がほとんど残されておらず、実態は明らかでないが、両者はともに知行差出や検地により、家臣や国衆の知行高の把握につとめている。これは何のためかといえば、当然、軍役や諸役賦課基準として必要であったからに他ならないであろう。

実際に、信長の場合、『信長記』に次のような記述が見られる。

①菅屋九右衛門御奉行として御着到を付けさせられ、御改候の処（巻一一）

②（羽柴秀吉が播磨国の）百姓共呼出し、知行差出等申付け（巻一三）

③堀久太郎仰せつけられ、和泉国中知行方改め、員数申上ぐべき旨上意にて、泉州へ差遣はさる（巻一四）

④矢部善七郎・猪子兵介青竜寺へ両人差遣はせられ、永岡知行分改め、居城仕るべきの

旨仰付けられ候キ（巻一四）

⑤各在陣を致し、兵粮等迷惑仕るべきの旨、仰出だされ、菅屋九右衛門御奉行として御着到付けさせられ、諸卒の人数に随つて、御扶持米、信州ふかしにて渡し下され忝き次第なり（巻一五）

右のうち、①⑤は信長が奉行に命じて参陣した家臣の軍勢の着到を付けさせていることがわかる。このことは、信長の手元には「着到帳」が存在しており、それは家臣個々の軍勢の人数と装備が記されていたことを明確に示す。その軍役人数と装備は、家臣個々の知行高に当然規定されていたことになる。なぜなら着到帳と分限帳（所領役帳）は一体の関係にあるからである。

では、分限帳はいかにして整備されていったか。それを窺わせるのが、②③④である。これらの事例は、播磨国の攻略を任された秀吉や、畿内支配を進める信長自身が、知行員数の調査（指出、差出）を武士や百姓に命じていたことを示し、これこそが軍役や諸役賦課基準値たる知行員数（個々の村々ないし武士の知行高）の把握に、さらに国ごとの分限帳作成に繋がっていたのであろう。特に、④は長岡藤孝を丹後国に移封した直後に実施したもので、直臣を派遣して徹底した調査を行っていることが知られる。

ところで、池上氏が主張する家臣個々の裁量・自己責任というのは、信長の領国が拡大し、重臣層が数郡から数ヵ国の統治を委任される（いわゆる「一職支配」）状況になって、初めて実施されたものであり、それとて最終的には柴田勝家・羽柴秀吉・明智光秀らの重臣層は、管轄国の知行員数と軍役量とを、信長に報告していたであろう。実際に、長岡藤孝は丹後国拝領後に実施した検地結果を信長に報告しており、信長もその結果にもとづいて軍役をつとめるよう命じている（「細川文書」『信長』九一五号）。池上氏の指摘する重臣層の自己裁量・自己責任による軍役システムというのは、最近飛躍的に研究が進んだ、信長と領域支配を担当する重臣層の態様に関する成果と通じるものがある（戦国史研究会『織田権力の領域支配』岩田書院、二〇一一年）。信長の専制性や独裁などといった先入観に囚われぬ分析が必要であろう。

実は、徳川家康も信長と変わるところがない。深溝松平家忠《ふこうずまつだいらいえただ》の『家忠日記』に、次のような記述がある。

⑥左衛門尉所より、雨止次第ニちやくとう家康より御つけ候ハん由申来候（天正六年十一月七日条）

⑦家康よりちやくとうつけ越候、侍八十五人、中間百二十六人、鉄放十五ハリ、弓六張、

鑓廿五本有、鑓使三人（天正六年十一月十一日条）

この記事は、天正六年（一五七八）十一月、武田勝頼が高天神城への後詰に出陣し、さらに徳川氏の拠点横須賀城に迫るという事態に対処すべく、家康が軍勢を率いて馬伏塚《まむしづか》城に入った時のものである。家康は、十一月七日に、酒井忠次を通じて家忠に、雨が止み次第着到を付けると通達した。実際に着到を付けたのは、四日後の十一日のことで、この時家忠は、侍八五人、中間一二六人の計二一一人（この中に鉄炮一五挺、弓六張、鑓二五本、鑓使三人）を引率していた。残念なことに、深溝松平氏の当時の知行高が明らかでないため、軍役人数との対応を類推することは出来ないが、間違いなく徳川氏も、分限帳と着到帳を掌握しており、家臣個々の知行高とそれに対応した軍役・諸役賦課を実施していたことは、限られた史料からも指摘することが出来るだろう。

それを最もよく示すのが、明智光秀が天正九年六月二日に制定した著名な「明智光秀家中軍法」である（表9、『新修亀岡市史』資料編一―八四号）。ここで判明することは、①知行高一〇〇石につき軍役人数六人を基本に指定しつつ、②馬乗（馬上）一騎は歩兵二人に相当するとし、③すべての家臣に馬乗と鑓の負担を指示した、④これに対し、織田軍の象徴とみなされる鉄炮は知行三〇〇石以上の者でなければ負担を義務づけられることはなか

表9　明智光秀家中軍法にみる軍役規定一覧

知行石高	武装内容						合計	軍役人数
	甲	馬	指物	鑓	幟	鉄炮		
100～150	1	1	1	1	—	—	4	6～9
150～200	1	1	1	2	—	—	5	9～12
200～300	1	1	2	2	—	—	6	12～18
300～400	1	1	3	3	1	1	10	18～24
400～500	1	1	4	4	1	1	12	24～30
500～600	2	2	5	5	1	2	17	30～36
600～700	2	2	6	6	1	3	20	36～42
700～800	3	3	7	7	1	3	24	42～48
800～900	4	4	8	8	1	4	29	48～54
1000	5	5	10	10	2	5	37	54～60

註：馬乗１人は歩兵２人分と同じ．同史料によると，軍役人数は100石につき６人（多少の変動あり）が基準とされている．表の軍役人数では，それをもとに最小値と最大値を表示した．

った、⑤逆に騎馬はすべての家臣に賦課されており、明智光秀は騎馬を重視していたと指摘しうる、⑥そして注目すべきは、弓の動員規定がないことである、これは上杉氏の場合と共通した特徴であり、弓から鉄炮へという装備転換が図られていた情況が看取できる、などである。この軍法が織田氏全体のものを受けての制定かどうかは現状では定かでないが、池上氏の主張する信長から常に成果を求められる状況下で、過重な負担を懸命につとめようとしていた光秀の政策意図が表現されているとすれば、この軍役負担の規模は過酷な内容であったということができるだろう。

この知行石高と軍役量との対応を、武田氏や北条氏と単純に比較することは困難である(石高と貫高の換算比率も定かでない)。しかしながら、北条氏は馬乗一騎は歩兵三人、一〇〇貫文につき二〇〜三〇人の負担などであることを勘案すると、むしろ織田軍よりも東国戦国大名の軍隊の方が、軍役負担は重い傾向にあると指摘出来るかも知れない。今後の検討課題である。

いずれにせよ、軍役賦課と徴兵のシステムという観点から検討しても、織田・徳川氏と、武田・北条氏などの東国大名と明確な差異はなく、むしろ同質性が高いと推察され、ここでも織田・徳川氏＝先進、武田氏＝後進という考え方は成立しないであろう。

戦国の軍事訓練

では、動員された軍勢は、いかにして統制と連携の取れた行動をとることが出来たのか。そのためには、軍事訓練が不可欠と思われるが、その実態は明らかになっていない。

武田軍では、寄親が麾下の同心や被官を毎月一回召集し、振る舞いをしてから弓の訓練を行うよう永禄十年(一五六七)から軍法で規定している。また、弓と鉄炮に関しても、個々の家臣が自身の被官・悴者を監督して、訓練を施すよう厳命していた(拙稿「武田氏

の知行役と軍制」平山優、丸島和洋編・二〇〇八年所収)。

いっぽう織田軍も、若いころの信長が、折々に家臣に命じて竹鑓で「扣合《たゝきあひ》」(軍事訓練)を行わせて様子を観察し、鑓は短いと合戦では不利になると考え、織田軍の鑓を三間柄、三間間中(三間半)に変更した逸話は著名である(『信長記』首巻)。

この他に織田軍では、「御狂《おくるひ》」と呼称された一種の軍事訓練が行われていた。天正七年(一五七九)四月八日、信長は御鷹野に出て狩りを行ったが、その際に「御狂」を行ったという(『信長記』巻一二)。「御狂」とは、馬乗衆と歩兵の二手に分けて訓練することをいう。一方の馬乗衆は、信長の御馬廻・御小姓衆らで構成され、もう一方の歩兵は、多数の勢子(「御責子」)衆を中核に、御弓衆を側に置いた信長が加わって構成された。信長は、勢子衆や御弓衆らを引率して待機したという。すると馬乗衆は、勢子衆(歩兵)の中に「懸入」ることを目指し「馬を懸けられ」たが、信長は勢子衆らを指揮してこれを防いだという。これは明らかに騎馬の突入を想定した軍事訓練である。信長はこれをしばらく行って、気を晴らし、今度は狩猟を行ったという。

信長は、同年四月二十六日にも、古池田(大阪府池田市)で「御狂」を実施している。この時は、御馬廻・御小姓衆ら馬乗衆に近衛前久《このえさきひさ》・細川昭元《ほそかわあきもと》も騎馬で加わり、信長は今度も足軽衆を引率して二手に分かれ、「懸引」を堪能したという（『信長記』巻一二）。

この他に、織田信忠も、天正九年（一五八一）八月十二日に、尾張・美濃の諸侍を岐阜に召集し、長良川の河川敷に馬場を作らせ、後先に築地をつかせ、左右に高さ八尺の埒を結わせると、毎日馬を訓練させたという（『信長記』巻一四）。

なお、馬は人を乗せて戦場を疾駆するためには、馬主が日頃から鍛錬を怠らぬように心がけることが必要であったという。『信長記』首巻に、信長は朝夕馬をせめるのが日課であったため、馬も鍛えられ、荒く乗り回しても何ともなかったが、他の人の馬は、飼いどおしにしているだけで、日頃から乗ることも稀な場合も多く、このため屈強な名馬であっても三里の片道でさえ人を乗せることが出来ず、途中で倒れ死ぬことも少なくなく、皆が困り果てたと明記されている。日常的な調教と鍛錬が、騎馬には求められていたことをよく示している。

現在のところ、軍事訓練の実態を示す史料を博捜しきれていないが、以上のように、戦国の軍隊も「懸引」と連携など、実戦を想定し戦闘力を上げるための訓練を行っていたことは間違いなかろう。

では、戦国合戦とはどのように展開されたのだろうか。これを追求することで、謎の多い長篠合戦の実態に迫ることが出来るかも知れない。

鉄炮競合と矢軍

実は『軍鑑』や『雑兵物語』をひもとくと、戦国大名の軍勢同士が会戦に突入した場合、まず双方で弓矢を射かけ合う「矢軍《やいくさ》」が開始されたと記されている。また、鉄炮が普及し始めると、弓矢よりも射程が長い鉄炮を撃ち合う「鉄炮競合《せりあい》」が最初に行われるようになったといい、互いに距離を詰めながら前進し、やがて弓矢が放たれることになったとも記録されている。

ではこうした事実は認められるであろうか。実はこうした事例は枚挙にいとまがない。武田氏でいえば、武田信虎は大永四年（一五二四）に、甲斐国猿橋《さるはし》（大月市）で、北条氏綱《ほうじょううじつな》の軍勢と会戦し、矢軍を行っているが、乱戦（打物戦）に至った形跡はない（『勝山記』『妙法寺記』）。これは、両軍が打物戦へ突入するのを断念したか、小競り合い程度に収めたかを意味しよう。合戦を矢軍から打物戦へと本格化させるか否かは、大将の情勢判断次第だったのだろう。

西国でも、矢軍から打物戦に移行した事例を見いだすことが出来る。イエズス会士ガスパル・ヴィレラの証言を紹介しよう（『耶蘇会士日本通信』一五五七年十月二十八日〈弘治三年十月七日〉付、パードレ・ガスパル・ビレラが平戸よりインドおよびヨーロッパの耶蘇会のパードレおよびイルマン等に贈りし書翰）。

市民は叛逆者が自邸或は田野において攻撃を受くるを見物す。双方まづ矢を放ち、更に近づきて槍を用ひ、最後に剣を交ふ

これは豊後大友宗麟《おおともそうりん》に対し、筑前秋月文種《あきつきふみたね》らが叛乱を起こし成敗された時の模様である。軍勢が接近する際には最初に矢軍が行われ、やがて頃合いを見計らい打物戦に移行している様子がよくわかる。

このほかに、『信長記』首巻には、信長が天文二十二年（一五五三）四月に鳴海城を攻めようとして、赤塚で敵軍と遭遇した際に、両軍は「究竟の射手共互に矢をはなつ」矢軍を行った。同年八月、信長が清洲城を攻めた時、「数刻の矢軍に手負余多出来、無人になり引退」とあるように、信長軍と清洲方との矢軍が行われ、敵が信長軍の弓矢に圧倒され敗れ去ったことが記録されている。また巻九には、天正四年（一五七六）五月三日、本願寺軍が原田直政《はらだなおまさ》らを一万人ばかりで攻撃し、数千挺の鉄炮で散々に打ち立てた。やがて、織田軍のうち上方の人数が逃げ崩れ、原田だけが懸命に支えたものの戦線は崩壊し、原田等が戦死したと記されている。さらに巻一一では、天正六年十二月八日、織田軍が伊丹城に

迫り、堀秀政《ほりひでまさ》・万見重元《まんみしげもと》・菅屋長頼《すがやながより》の三人が奉行となり、鉄炮衆（鉄炮放）を引率して町口に攻め込み、鉄炮で攻撃した。その次に御弓衆が三手に分かれ、火矢を討ち入れ、町に放火したとある。まず鉄炮で敵を圧倒し、次いで弓が加わる戦法だったことが知られる。この他にも、同書巻一四には、天正九年六月、羽柴秀吉が中国地方に侵攻し、毛利方と戦った。この時秀吉は、毛利輝元が大軍を率いて来援した場合に備えて、二万余騎のうち、数千挺の弓・鉄炮を選抜し、まず一番に矢軍をさせ、その後、敵の備えに攻めかかり、思う存分敵を攻撃した後に、一気に切って懸かり、毛利軍をことごとく討ち果たす作戦を立てていたとある。

また、小牧・長久手合戦の際に、秀吉軍の森長可《もりながよし》と徳川軍の奥平信昌《おくだいらのぶまさ》の戦闘について、『当代記』は「森武蔵守、羽黒古き屋敷に柵を付、三千余居陣せしむるを知らずして、彼郷を少人数をもって焼き払うべきの由宣うの間、奥平九八郎信昌一千計の人数をもって先登として押し入るところに、武蔵、屋敷表へ打ち出で、折り敷きて相答え、小河を隔てて互いに鉄炮をもってこれを打つ、奥平衆鉄炮の上手也、これに憑《よ》り敵手負い数多出来て、漏らすべき様これなきにより敗北せしむ、犬山近辺まで追々これを打つ」と記しており、双方が小川を隔てて鉄炮を撃ち合ったが、命中精度で勝る奥平軍が森軍を圧倒し、森軍が逃げ崩れ追撃を受けて甚大な被害を受けたという。森軍は、鉄炮競合に敗れ、打物戦に至らぬ前に壊滅したわけである。

以上のような事例を見ると、『軍鑑』などにみえる緒戦での戦闘の描写は、ほぼ事実を伝えているとみてよかろう。

打物戦への移行

『軍鑑』や『雑兵物語』は、軍勢相互の距離が詰まると、鉄炮や弓は前線を鑓に譲って打物戦に移行すると記す。『雑兵物語』は、敵の間近まで迫ったら、鉄炮や弓は左右に分かれて鑓に勝負を譲り、自身は刀を抜いて敵の手か足を狙って切りつけるか、左右に分かれた場所から鑓を援護するか（「鑓脇」を固める）、どちらかを行うのが作法であったという。もし左右に散開出来なければ、出来るだけ左に寄って、敵の右側から弓や鉄炮を撃つよう心がけたという。武器を把持する武士たちにとって、右側はとっさの対応が利かない泣き所だったからである。こうして鑓・刀（打物）を主体とした打物戦が開始される。

打物戦は、鑓衆相互の勝負となるが、ここで勝敗の帰趨が決まったようである。『信長記』首巻に、天文二十三年（一五五四）七月十八日、清洲城を攻撃した信長軍は、敵軍と合戦に及んだ。この時、矢軍で敵を圧倒した信長軍は、打物戦でも「敵（信長軍）の鑓は長く、こなた（清洲軍）の鑓はみじかく、つき立られ」たため、清洲方河尻《かわじり》左《さ》馬丞《まのじょう》ら三〇騎ほどが戦死したという。また、巻一三では、天正八年（一五八〇）閏三月二日、花隈《はなくま》城から敵が池田《いけだ》恒興《つねおき》の守る砦（川端砦か）に攻め寄せてきたため、両軍ともに足軽を率いて対峙し、戦闘（「足軽共取合」）となった。この戦闘の最中、恒興の息子元助《もとすけ》・輝政《てるまさ》兄弟が無理に「懸込」んだため、父恒興も急ぎ駆けつけ、鑓下で敵を討ち取ったという。打物戦でどちらが優勢になるかで、勝負は大きく左右された。

鑓勝負が行われているさなか、矢弾を撃ち尽くしたり、敵と接近しすぎて有効性を失ったりした鉄炮衆や弓衆は鉄炮・弓の使用を止め、刀を抜いて参戦した。この段階になると、双方の連携や競り合いに優劣の差が次第に出てくる。そこでいよいよ、騎馬衆が参戦することとなる。その模様を、『信長記』から抜き出してみよう。

首巻によると、天文二十二年（一五五三）四月、鳴海《なるみ》城攻撃をめぐる赤塚の合戦では、信長軍の「馬共は皆敵陣へかけ入るなり」とあり、騎馬衆が突入している。また、巻一では、永禄十一年（一五六八）九月二十八日、三好方の岩成友通《いわなりともみち》が布陣する勝竜寺表に、織田軍が侵攻すると、敵も足軽を出して応戦してきたので、柴田勝家・蜂屋《はちや》頼隆《よりたか》・森可成・坂井《さかい》政尚《まさひさ》の四人の部隊は協力しあって「馬を乗込み」、敵の首級五十余を挙げたという。

巻五に、元亀三年（一五七二）十二月、武田信玄と三方原で戦い敗れた徳川家康は、武田軍の包囲を突破するため、「馬上より御弓にて射倒し、懸抜け御通り候」とある。家康は、自身が弓射騎兵となり、懸命に戦場を離脱したのである。さらに、巻七には、天正二年（一五七四）七月、織田軍が伊勢長島一向一揆を攻めた際、「馬上より数多切捨て候なり」とあり、一揆勢を騎馬衆が多数討ち取ったという。さらに巻一一には、天正六年十一月十四日、荒木村重《あらきむらしげ》方の伊丹城へ織田軍が攻めかかり、先陣が足軽を出したところ、敵と合戦になった。この時、武藤舜秀《むとうきよひで》の手の者どもが、騎馬で敵勢に「懸入り」、馬上で組み打ちして、首級四を挙げたという。天正九年九月、伊賀攻めを開始した織田軍のうち、滝川一益《たきがわかずます》・堀秀政の軍勢が、伊賀衆と戦闘になった。敵は足軽を前面に押し立てて来たが、滝川・堀が敵の動きを見て、「馬を乗入れ」、敵の屈強な侍十余騎を討ち取り撃破したという（巻一四）。

このように、織田軍も打物戦を展開し、戦況を勘案したうえで、優位とみるや騎馬衆に敵陣へ突入（「かけ入る」「乗込み」「懸入り」）を仕掛けて勝利をたぐり寄せたことが窺われる。なお、織田軍でも、馬を保護するための馬鎧を装備していた様子が、『信長記』首巻に見える平手中務丞《ひらてなかつかさのじょう》の事例で確認出来る。

次に、騎馬の攻撃に対する反撃法は、『雑兵物語』によると、鉄炮や弓は、馬上の武者ではなく、馬を撃つことが常道であったという。これは鑓も同じで、馬を撃ったり、太腹を突き刺したりして、乗手を落馬させ、放れ馬にさせるのが常識であった。そうすれば、落馬した武者は負傷して動けなくなるか、動作が鈍るかし、馬は傷ついて戦場で暴れ回るため、敵方の軍勢が混乱するからだという。そうした上で、落馬した武者は楽に討ち取れるのだと、『雑兵物語』は繰り返し指摘している。実際にそうだったのであろう。武田軍が長篠合戦後、無理をしてでも馬鎧を用意するよう全軍に指示したことは、拙著『長篠合戦と武田勝頼』でも指摘したが、その背景には、馬鎧の装備が不十分だったため（馬鎧を装備したからといって、鉄炮・弓・鑓による被害を完全に防げたとは思えないが、一定の効果はあったろう）、馬の損害や放れ馬による軍勢の混乱が、武田軍の攻撃力を削いだという反省があったからであろう。

また、武田軍の将兵は遮蔽物なしで攻撃したかどうかも、よく議論される。戦国合戦では、基本的に武者は楯などをほとんど用いず、敵陣に突入するのが普通だったらしく、外国人宣教師はこれに驚嘆している。フロイス『日本史』第五三章（第二部五二章）の一節に次のような記事がある。

日本人は、我ら（ヨーロッパ人）のように円楯も手楯も楯も使用しないので、ドン・プロタジオ（有馬晴信）とその弟ドン・エステワン（不明）は、鉄炮隊の正面にあって、この上もない危険に曝されていた。（そこで）備前守殿（有馬家臣草野氏）という キリシタンの貴人は、幅が二パルモで丈が人の腰あたりまである鉄の衝立てを二基、彼（ら）の前に置いた。（かくて）彼らはそれぞれその中にどうにか身を匿しておれば（敵弾）から免れることができた

楯を使用しない日本の武士の勇敢さに驚いているが、同時に鉄炮の普及を反映してか、鉄製の衝立が陣地に用意されており、その陰に隠れて銃撃を凌ぎ、様子を窺っていた状況も看て取れる。

ただ、長篠合戦の武田軍が、遮蔽物を用意したかどうかは、史料の制約もあって確認出来ない。だが、武田軍の将卒が「持楯」（図17）を使用していたことは、『三河物語』が元亀四年（一五七三）の野田城攻防戦において記録しており、「持楯」そのものは、今川義元が織田信広《のぶひろ》の籠もる安祥《あんしょう》城を攻めた際にも、竹束とともに使用していたと同書は記している。持楯だけでなく、通常の楯（図18）なども、日本の合戦では伝統的に使用されていたから、これらも使用された可能性は否定出来ない。さらに、竹束の使用も可能性として

図17　持楯を持つ兵士（『法然上人絵伝』より）

図18　戦場で使用された楯（『真如堂縁起』より）

考えられるが、これは攻城戦の仕寄としては効果があるが、重量がありすぎて野戦での使用に耐えるものだったか否かは慎重な検証が必要である。今のところ、簡単な楯は使用したかも知れないが、ほとんどの将卒は、戦場で身を曝していたと考えてよかろう。それが当時では、ごく当たり前だったのである。

かくて合戦は打物戦へと移行し、将卒たちは弓・鉄炮をものともせず攻めかかっていった。その際に、自軍よりも多数の兵力が待ちかまえていることを承知で、敵軍に攻めかかっていく場合も少なくなかった。その事実については、拙著『長篠合戦と武田勝頼』において、ポルトガル人宣教師や戦国の生き残りたちの証言をもとに明らかにした。

だがここで最後に問題となるのは、危険を顧みず敵軍に打物戦を平然と挑む戦国の将卒の思考そのものである。彼らにとって合戦に参加することとは、そして命をかけることは何であったのか。この問いを追究することは、戦国合戦での打物戦や突撃戦法が、当時の将卒にとって「無謀」と捉えられていなかった理由を探ることに繋がるであろう。

武田軍における高名と名誉

武田軍は無謀な突撃を繰り返したのか

長篠合戦において、武田軍の将兵は、武田勝頼の下知のもと、織田・徳川軍の圧倒的な火力に向かって無謀な突撃を繰り返し壊滅したというのが、大方のイメージであろう。しかも、その背景には、勝頼と山県・馬場・内藤・土屋ら信玄子飼いの重臣層との深刻な対立があり、彼らは死に場所を得たとばかりに突撃し、麾下の将兵ともども戦死していったとされている（一例として上野晴朗『定本武田勝頼』新人物往来社、一九七八年など）。この想定は、『軍鑑』などをもとに形作られたものである。

このことについては、拙著『長篠合戦と武田勝頼』でも述べたように、信玄死去の一一日後の元亀四年（一五七三）四月二十三日に、重臣内藤昌秀《ないとうまさひで》に勝頼が与えた起請文の存在と内容から（「京都大学所蔵文書」『戦武』二一二二号）、勝頼と重臣層との関係がうまくいっていなかったという『軍鑑』の一連の記述には、それなりの根拠があると考えられる。また土屋昌続《つちやまさつぐ》が、長篠の戦場で「先月信玄公御弔に追腹をきるべきに、高坂弾正に異見せられ、か様の合戦をまてと申さるゝに付、命ながらへ候」と叫んで戦死したという描写は、事実かどうかは定かでないが、重臣層が等しく抱いていたとされる感慨をよく表現している。

しかしながら、重臣層が織田・徳川軍との決戦に反対したことは事実であろうが、彼らが死を覚悟して水杯を交わしたなどの、様々な逸話（「長篠日記」他）はどこまで事実か証明することが難しい。

また武田軍の重臣層は、土屋昌続を除き、馬防柵際で戦死した者はほとんどおらず、敗北が決定的となり勝頼が退却を命令した後に戦死しているのである。それは『信長記』に「(武田軍は）鳳来寺さして嚾《どっ》と癈軍致す、其時前後の勢衆を乱し追はせられ、討捕る頸、見知分、山県三郎兵衛……」とあり、武田軍の退却を見た織田・徳川軍が激しい追撃戦を展開したことが知られ、また長篠古戦場にある武田方の重臣達の墓所・慰霊碑はいずれも決戦場ではなく、信玄台地から寒狭《かんさ》川へ向かう地域に点在しており、退却戦の最中に戦死した様子が窺われるのである。

この他に、武田軍が突撃をしたのは、そうせざるを得ない状況に追い込まれたからだと主張されたのが藤本正行氏である。藤本氏は、酒井忠次《さかいただつぐ》率いる別働隊が、長篠城を包囲する鳶ケ巣山《とびがすやま》砦を始めとする武田方付城群を攻略し、さらに奥平信昌《おくだいらのぶまさ》率いる城兵と力をあわせ、城を監視、包囲していた高坂源五郎《こうさかげんごろう》・小山田備中守昌成《おやまだびっちゅうのかみまさなり》らが率いる武田方の部隊を撃破したことで、退路を断たれた武田軍本隊は、前面の織田・徳川軍を撃破する以外に勝利する方法がなくなったためであると指摘している。つまり、鳶ケ巣山砦奇襲戦が、決戦を誘発したというのである。

同様の指摘を行っているのが鈴木眞哉氏である。鈴木氏は、勝頼が決戦場に軍勢を進めたのは、敵と対峙し睨み合いを行えば、織田・徳川軍の撤退を促すことが出来ると考えていたものの、酒井忠次らの別働隊に背後を取られたため、前後から敵に挟撃される結果に陥り決戦を強いられたとしている（「信玄没後の武田軍団の戦い、負の遺産を継承した勝頼の悲劇」『闘神武田信玄』新・歴史群像シリーズ五、学習研究社、二〇〇六年所収）。

両氏の主張は極めて説得力があるが、実際に鳶ケ巣山砦群が攻撃を受けた辰刻（午前八時頃）は（『信長記』による）、すでに決戦場では合戦が始まっており、一考の余地がある。ただ、鳶ケ巣山砦などが壊滅し、後方に敵が回り込んだことを知って、武田軍に動揺が広がった可能性はあろう。『松平記』は、これが武田軍の動揺を誘い、敗軍に追い込んだと明記しており、日の出から始まった武田軍の攻撃が、本格化したのは『大須賀記』によると九ツ始め（午前十一時）であったという。これは事実であろう。退路を断たれた武田軍が焦りの色をみせたのは当然のことだからである。

また武田軍が突撃を繰り返したと書いてきたが、合戦は日の出から未刻（午後二時頃）まで行われており、単純な突撃が繰り返しなされたわけではないようだ。実際に武田軍は、決戦場で敵の鉄炮衆に対抗する方法や、馬防柵を破る工夫などを様々な形で試みたであろう。その一環として、各部隊の突撃もあったと思われる。

だが二重、三重に敷設された馬防柵、そして圧倒的な数が投入された火縄銃と弓を向こうにまわして、武田軍が強攻を仕掛けたことは間違いない。それでは武田軍の将兵は、なぜ強攻を続けたのであろうか。合戦の勝利を目指してという他に、その行動を根底で規定する個々の将兵が目指す戦功（功名・高名）と、それに付随する名誉の獲得という意識がそこにはあったはずである。そこでここでは、武田方の将兵が抱き、共通認識となっていた功名と名誉に関する意識について検討を加えていこう。

「場中」と「場中の高名」

ところでそのような意識を分析する史料があるのだろうか。そこで検討の素材とするのが、『軍鑑』である。『軍鑑』には、武田軍の戦功の基準に関する記述が数多く登場する。さらに、他の戦国大名とは違う戦功の判定基準や、その重要性がランク付けされて記されており、武田軍将兵の意識を知る上で格好な史料といえる。もちろん信憑性の問題はあろうが、武田遺臣が編纂に関わり、またその生き残り達が健在だった時代に公刊されていることや、創作の必要性があまりみられない内容であることなどから、武田軍将兵の戦功に関する意識を知る上ではそれなりに有効であろう。

『軍鑑』を見ていくと、合戦場での戦功について、次にようなランク付けが記載されている。

(a)一二一番鑓、二二二番鑓、三二場中の高名、四二鑓下の高名、五二くづしきわの高名、六二弓にての鑓脇、七二鉄炮にての鑓脇（『軍鑑』末書下巻中一）

このうち、一番鑓、二番鑓は特に説明する必要はなかろう。四の「鑓下の高名」については後で検討する。次の五の崩し際の高名とは、敵を総崩れに追い込むのに貢献したことをいい、六・七の弓・鉄炮の鑓脇とは、弓・鉄炮で合戦に参加していた兵卒が、鑓衆の脇を固め、その援護射撃をして戦功を上げたことを指す。

これらの中で、一番鑓、二番鑓に次ぐ高名として武田軍内部で認定されているのが「場中の高名」である。では、この聞き慣れぬ「場中」とはいったい何であろうか。「場中」に関する説明が『軍鑑』にいくつか見られる。

(b)場中の人とハ敵味方一二町へだてゝ、鉄炮たがひに打かけ、少シづゝすゝみ出て打よる程に、卅間計近になれバ、其時ハはや弓をもたがひに射出ス物也、さありてすゝみより、十四五間ちかくよりて、其時敵御方共に能武士四五間も進出て弓を射出し、鉄炮を打仕事、敵味方共に候へバ、あひだハ五六間有、其時ふかでおひ、或死するもあり、其武士を一刀切リ、或ハくびを捕事を必ず場中の勝負、又は場中の高名と信玄公御定也（『軍鑑』末書下巻中一）

この記事によると、合戦場では敵味方双方の距離が一、二町ほどになると、まず鉄炮の射撃が始まり、武田軍は敵に向かって距離を詰めていくという。やがて三〇間（約五四メートル）ほどの距離になると、今度は弓の射程に入るので、鉄炮衆とともに弓衆の射撃が開始される。やがて双方の距離が一四、五間ほどになると、敵味方双方の中から四、五間ほど進み出て、弓や鉄炮を撃つ剛胆な武士が出てくるという。その距離は五、六間にまで近づくというが、この矢玉が激しく飛び交う場所が「場中」である。やがて、前に出て弓や鉄炮を撃っていた武士達の中には、矢玉に当って戦死したり深手を負って倒れ込んだりする者も当然出始めるわけだが、それを見て自ら「場中」に飛び込んでいき、前に出てきていた敵を討ち取り、首級をあげて自陣に引き揚げることを「場中の高名」というのだという。ただし注意したいのは、「場中」での戦闘では、心得ておかねばならない作法があったという。

(c)場中の勝負、是ハ人をうたず、一刀切て、せハしくて、まづ引こむ事も可有候、場中の高名とは右の武士出て人をうつ儀也（『軍鑑』末書中一）

(d)場中のくびは、必鼻をかくべし、後の動、走廻すべきため也（同右）

武勇を誇る将兵が、矢玉飛び交う「場中」に突入し、敵を傷つけたり討ち取ったりすることについて、(c)は矢玉が激しく、敵に一太刀を浴びせるのが精一杯で、相手を討ち取れないまま自陣に引き返すこともあろうから、それは「場中の勝負」といって区別している。これは(b)にも同様の記述が見られる。

また(d)によると、「場中」で敵を討ち取った場合、頸を掻いて持ち帰るのではなく、鼻を削いで自ら所持しておくことが原則であった。それは、次の戦闘に備えるためで、首級は合戦に勝利した後にあらためて掻き取ればよいというのが、武田軍の作法であった。もし首級が盗み取られていても、鼻さえ確保しておけば、盗み首などを防止できるとともに、「場中の高名」を証明出来るというのがその理由であった。

このように武田軍においては、矢玉が飛び交う「場中」に飛び込み、敵と戦うこと（「場中の勝負」）と、そこで敵を討ち取ること（「場中の高名」）は、一番鑓、二番鑓に次ぐ戦功だったのである。

「鑓下の高名」「大剛」「強者次第」

さて、それ以上に敵味方が接近するとどうなるのか。『軍鑑』は次のように記している。

（e）鑓をあわする事、付二百三百のこぜり合、勿論、大合戦にも弓・鉄炮、せりあひちかくなり、敵も味方もたがひに場中の高名も過てハ、矢・鉄炮も打射はなされざる程近候て、せハしなく成たる時ハ、敵も御方もまぼりあひ、たがいに又ひきのく事もならざる時分ハ、かならず剣先なりに成物なり、其時鑓をいれはじむる武士を一番鑓と定る（『軍鑑』末書下巻中一）

敵味方が間近に接近し、鑓同士が接触するような至近距離になると、もはや弓・鉄炮も射撃が出来なくなり、敵味方ともに相互に協力しあって戦うしかなくなる。もはや退くことも出来ない距離に入った時、真っ先に敵に鑓を突き入れた武士を一番鑓と認定するという。こうして鑓や刀を取って戦う打物戦に突入するわけである。

しかしながら、互いに距離を詰めながらも、最終的にどの段階で敵陣に突入するかは現場の武士達の判断に任されていたらしい。

(f)如此近ければ、敵味方の間ハ、たがひに進出る時ハ、七八間ならであきまハなし、此時ハ、弓・鉄炮・長柄かつぎ入まじり申候事、上下共につわもの次第なり（『軍鑑』末書下巻中一）

(g)敵味方、弓・鉄炮のせり合ちかくなり、矢もつがいかね、鉄炮の玉薬もつぎかぬる程、せハしく成りたる時、鑓を入レはじむる侍ハ千万にすぐれたる大剛の武士也、それにつゞき、人のこたへかね、大勢が小勢ニなり、手負・死人多ク有所に、二三人残りてよくこたへたる武士ハ、敵ちかくハうたがいなく一番に鑓をあわする事必定也（『軍鑑』末書上巻）

これらの記事によれば、敵味方が至近距離に迫った際に、どのような武器を持って敵陣に突入していくかは、「つわもの次第」（強者次第）とされていた。ここでも、「場中」に突入していく「よき武士」(「能武士」)と同じく、前線に展開する武士の中でも、とりわけ武勇を誇る強者が、自分が把持する武器を頼りに、誰よりも先に出て高名をあげようとはやっていたわけである。

そして真っ先に鑓を敵に突き入れたものが一番鑓となるわけだが、実際には(g)にあるように、敵の抵抗が激しく、味方が次々に弓や鉄炮、さらに鑓などで撃たれ、次第に人数が少なくなる場合も当然あることだろう。しかし武田軍では、その時こそ高名をあげる絶好の機会だというのである。敵に接近した時に、味方の誰よりも真っ先に敵中に飛び込み、鑓を突き入れ、打物戦を挑む者は「千万に勝れたる大剛の武士」と評価されたが、味方が討たれ、負傷者や戦死者が夥しく、ともに戦う者が二三人になったとしても、そこで生き残り、合戦の場を去らず踏みとどまって戦う者は、最終的に一番鑓の高名を得ることが出来るとされていた。もし味方が支援に来て、敵を突き崩せば、味方の死傷者の中で踏みとどまって奮戦していた者は、一番鑓の栄誉に預かる可能性があったわけである。

敵の攻撃、反撃が厳しいところを攻めあがり、戦功をあげることは、一番鑓や一番手柄などとされ、武田軍では最も名誉なこととされていた。

(h)門のこぐちを押込たる人、或は城をのり取たる時、てがらの上・中・下、堀あさくせまく、ぶけんごなる所をはやくのりたる人を壱番のてがらといふ、子細は門口、又ぶけんごなる所には人数多し、弓・鉄炮多き故、如此の御定め信玄公御家中の穿鑿是也（『軍鑑』巻一三）

この記事は、敵城を攻めた時の戦功に関する記述であるが、武田軍では敵の防備が最も弱いところに攻め込んだ者を「一番手柄」に認定していた。なぜなら、敵の防備が最も弱い所と武田軍が判断した場所ほど、敵もそれを十分に認識しており、そこを守るために弓や鉄炮が数多く配備されているからで、だからこそそこを突破して乗り込むことは名誉なことであるという考え方があったという。

また敵と鑓をあわせて戦い、敵を討ち取ることを「鑓下の高名」と呼んでいた。

(i)山形衆広瀬郷左衛門と家康かた戸田左門と云もの、鑓をあハする、二番に山形衆みしな肥前と家康衆大津土左衛門と云侍と鑓をあハする、其節、孕石源左衛門・小菅五郎兵衛、鑓下の高名仕る（『軍鑑』巻一二）

(j)鑓下の高名ハ、一番鑓の人にさしつゞきてのぶかうなり（『軍鑑』巻一四）

このように「鑓下の高名」とは、一番鑓をあげるような「大剛の武士」「つわもの」に続いて敵中に飛び込み、敵と鑓をあわせるだけでなく、敵を突き殺す戦功をあげた者を指すのである。

なお、武田氏の関係文書のうち、史料に登場することが確認できるのは、今のところ「鑓下の高名」だけである（『徴古雑抄』「孕石文書」『戦武』一七〇三、一七〇四号）。この文書は、長篠合戦の前哨戦として、武田軍が二連木《にれんぎ》城を攻め落とし、さらに吉田城に迫り家康を捕捉、撃滅しようと躍起になった際に、山県昌景《やまがたまさかげ》の相備衆である孕石源右衛門尉《はらみいしげんえもんのじょう》（遠江衆）が活躍した模様を、昌景が孕石元泰《もとやす》に報じた、天正三年（一五七五）四月晦日付書状の一節である。ここで山県昌景は、孕石源右衛門が武田軍の多数の将兵が見守る中、敵と鑓を合わせこれを討ち取る「鑓下之高名」をあげたことを報じ、これを称賛している。このことからも、『軍鑑』の記述は後世の人物が作り上げた荒唐無稽な作り話ではないことが確認できる。

武田軍将兵の高名と名誉意識

以上のように、『軍鑑』に記載される武田軍将兵の高名と名誉に関わる意識の問題について検討を加えてきたわけであるが、少なくともこれらを見る限り、「強者」「大剛」と呼ばれる命知らずの武士が率先して味方の陣中から敵陣に突きかかると、それを諸手をあげて称賛する意識が武田軍では強かったことが知られる。誰しも命は惜しいだろう。『軍鑑』においても、敵味方の距離が

一四、五間に縮まった時、矢玉飛び交う「場中」に命を惜しまず飛び込むのは、よほどの「よき武士」「つわもの」だけであり、彼らでさえ、あまりに激しい敵の鉄炮や矢の反撃に閉口し、自陣に逃げ戻ることもあったとされている。しかし武田軍はそれを決して恥辱としていない。むしろ、矢玉飛び交うただ中で敵と渡り合うことを「場中の勝負」として称賛し、さらに敵を討ち取ることが出来れば、それを「場中の高名」と呼称し、一番鑓、二番鑓に次ぐ戦功と認定していたわけである。

しかし敵陣に接近し、長柄・持鑓・太刀を武器に、敵と渡り合う打物戦に突入した場合、一番鑓や二番鑓、あるいは一番手柄などを立てた者が、結局、敵の銃弾・矢・刀槍などで次々に倒され、さらにともに突入した戦友達が相次いで戦死傷して脱落していき、味方の人数が次第に少数になっていくことも当然あった。そうした絶体絶命の状況下で、恐慌状態に陥らず踏みとどまり、命を顧みずに奮戦した者は、最終的な一番鑓と認定される可能性を保持し、武田軍が形勢を逆転した場合には、侍として最高の栄誉を受けることが出来たのである。『軍鑑』によると、武田軍の将兵は、長篠合戦で織田軍の鉄炮衆に数多くの味方を討たれ、危機的な状況に立たされていたにもかかわらず、馬場信春《ばばのぶはる》らの指揮官を捨てて決して逃げなかったと記録されている（巻一九）。もちろん、こうした記述の信憑性には議論の余地があるだろうが、少なくとも『軍鑑』にみられる武田軍将兵の戦場での心得や作法を見ると、武田軍が、長篠の戦場で、現代人から見れば無謀ともいえる強攻を繰り返したり、味方が数多く討たれたにもかかわらず、逃亡したり勝手に退却したりしなかったのは、こうした戦功と名誉意識があったからだと解釈出来る余地があるのではなかろうか。

しかし、勇敢な将兵ほど退くことなく真っ先に戦死していく。結局はそれが死傷者の続出に繋がり、武田軍の戦闘継続能力を奪う結果となったのである。極めて逆説的ではあるが、こうした個々の将兵達の意識と行動が、甚大な敗戦を招いたともいえる。これは武田勝頼だけに敗戦の責任を負わせることへの、反証の一つといえるのではないか。なぜならば、そもそもこうした高名の基準と名誉のありかたを確立し、将兵達に浸透させ、決定づけたのが、『軍鑑』の記述が正しければ、武田信玄その人だからである。だとすれば、なおさらである。

長篠合戦像の空白は埋められるか――エピローグ

史料の欠如という壁

歴史学は常に有限の史料に規定され、その枠内でしか発言が許されないという現実に直面している。長篠合戦という戦闘は、それに参加した当事者が一人も証言（記録）を残していない。そもそも大方の戦国合戦について、当事者が証言を残している事例がないことは、戦国史を知るものならば常識の範疇だろう（毛利元就の対尼子戦の証言は戦国史では希有の事例だろう）。私たちが知ることの出来る長篠合戦の経過は、『信長記』『三河物語』『軍鑑』『甫庵信長記』『当代記』などによるしかない。しかしながら、実を言えば太田牛一ですら、彼自身が長篠の戦場にいたかどうかは確証がなく実証されていないのだ。その意味で、それらは戦場経験者の証言を拾い集め綴輯されたという点で、成立時期といい、ほぼ準同時代史料であることといい、同等の史料的価値を有するといえる。だがそれらであっても、長篠合戦の経過については断片的にしか語ってくれない。過ぎ去ってしまった時間は、激戦の記憶を完全に消し去り、もはや完全なる空白にしてしまった。四〇〇年以上を隔てた時代に生きる私たちには、もはやその空白を埋めることは不可能なのだろうか。

私たちには、当時の様々な事象を探り出し、戦国人の常識を明らかにしつつ、長篠合戦後に武田氏が活かそうとした戦訓などを参考に、合戦の模様の大筋の復元を試みるしか方法がないだろう。所詮、歴史の空白は埋めようがない。今後、新史料の発見や新たな視点の開拓を期待するほかない（それでも明らかとなる内容は全体の一部に過ぎないだろう）。

長篠合戦の詳細をどう復元すべきか

本書で筆者は、様々なテーマをもとに縷々検討を重ねてきた。そこで指摘したことは、①織田・徳川軍と武田軍には、「兵農分離」と「未分離」という明確な質的差異はなく、ほぼ同質の戦国大名の軍隊であり、②合戦では、緒戦は双方の鉄炮競合と矢軍が行われ、やがて接近した敵味方は打物戦に移行し、鑓の競合と「鑓脇」の援護による戦闘が続く、③打物戦で敵が崩れ始めると、騎馬衆が敵陣に突入（「懸入」「乗込」）し、敵陣を混乱させ、最終的に敵を攻め崩す、

④戦国合戦では、柵の構築による野陣・陣城づくりは一般的に行われており、それ自体は特異な作戦ではなかった、⑤合戦において、柵が敷設されていたり、多勢や優勢な弓・鉄炮が待ち受けたりしていても、敵陣に突撃するという戦法は、当時はごく当たり前の正攻法であった、ことなどを指摘した。こうした戦国合戦の実相をもとにすると、武田勝頼が長篠合戦で採用した作戦は、ごく普通の正攻法であり、鉄炮や弓を制圧し、敵を混乱させて勝利を目指すものであったと考えられる。しかしそれが成功しなかったのは、勝頼や武田軍将兵が経験してきた東国大名との合戦と、織田信長とのそれとの違いであったと思われる。それは、織田・徳川軍が装備した鉄炮数と、用意されていた玉薬の分量、さらには軍勢の兵力の圧倒的差という形で表れたと考えられる。

拙著『長篠合戦と武田勝頼』でも述べたが、両軍の合戦は、天正三年（一五七五）五月二十一日夜明けとともに始まった。合戦は武田軍の攻撃で幕をあけた。開戦当初、武田軍は先頭に鉄炮衆、続いて弓衆を配備し、前進を始めたと推察される。その目的は、馬防柵を敷設して待ちかまえる織田・徳川軍の出方や戦法を探りつつ、相手の鉄炮・弓衆を沈黙させ、後から実施されるであろう味方の足軽や騎馬衆の打物戦を有利にすることにあった。徳川軍の中にいた茶屋四郎次郎《ちややしろうじろう》が敵弾に当たって右足を負傷し、生涯その弾丸が抜けなかったというのは、この時のことであろう。また両軍の間で鉄炮競合と矢軍が展開されるなか、武田軍による馬防柵の引き倒しなどが試みられたと考えられる。「長篠合戦図屛風」（浦野家旧蔵、渡辺本）に見られるように、武田軍の鉄炮衆が、敵の鉄炮衆に少なからぬ被害を与えたのであろう。

また、武田軍は逆茂木を除去し、馬防柵を引き倒すことも試み、遂に三重柵の引き倒しに成功したところもあったと『軍鑑』や『本多家武功聞書』などは記している。逆茂木と柵を除去しなければ、武田軍が織田・徳川軍に直接攻めかかることは不可能であったから、その努力が続けられたのであろう。しかしこれが武田軍の前進を止める結果を招き、敵の鉄炮と弓の標的となってしまう。武田軍の犠牲者は増え、特に鉄炮・弓衆と逆茂木や柵の除去を担う足軽などに、犠牲者が増えていったと考えられる。織田・徳川軍が擁する三〇〇〇挺を超す鉄炮と、それを間断なく打ち続けることが出来るほど用意された玉薬、そして鉄炮衆を脇から援護する多数の弓衆は、武田軍がそれまでに対峙したことのない圧倒的な数量であり、数で劣る武田方の鉄炮・弓衆は徐々に打ち倒されていった。また武田軍が用意していた玉薬の量も、織田・徳川軍よりもはるかに少なく、全弾撃ち尽くしてしまい、対抗する余地がなくなった場合もあったろう。長篠合戦後、武田勝頼が一挺につき玉薬三〇〇発の用意を義務づけたのは、合戦の早い段階で、鉄炮衆の玉薬が尽きてしまった戦訓によるものだろう。

かくて優勢な織田・徳川軍の鉄炮・弓衆に、鉄炮競合と矢軍を挑んだ武田軍鉄炮・弓衆は、壊滅もしくは弾切れにより沈黙させられたと思われる。以後武田軍諸隊は、援護射撃を失いまともに敵の銃撃に直面することとなった。

武田軍の本格的な攻撃は、鳶ケ巣山《とびがすやま》砦などが酒井忠次《さかいただつぐ》らの敵別働隊によって壊滅したことが判明した九ツ始め（午前十一時頃）から開始された。武田軍の諸勢は、ほぼ援護射撃なしで敵の銃撃にさらされつつ、柵前に陣取る織田・徳川軍に襲いかかった。

武田軍の諸勢は交替しながら織田・徳川軍に波状攻撃を仕掛けたものの、援護射撃を失っていたため、前傾姿勢で前進を続けたが（『屛風』）、優勢な織田・徳川軍の鉄炮と弓の猛攻にさらされ、敵陣に接近するまでに甚大な被害を蒙った。それでも徳川軍に肉迫すると、徳川勢は陣場を明け渡し柵内に引き揚げたが、すると武田軍は雨霰のような銃弾にさらされた。たまらず引き揚げようとすると、徳川勢がすかさず追撃し、武田勢に被害を与えた。これが繰り返されるうちに、武田軍の諸勢は次第に消耗し始めたのである。

武田軍の主力攻撃は、徳川軍に集中したが、中央や右翼の武田軍も、織田軍の注意を引き付け、左翼の攻撃を援助すべく攻撃に向かっていた。だがここでも優勢な鉄炮と弓に阻まれ、消耗したところを織田軍の足軽により撃退されていった。頃合いを見計らって武田軍の馬上攻撃も行われたのであろう。そのいずれも織田・徳川軍の鉄炮・弓・足軽の反撃によって跳ね返され成功しなかった。この結果、本格的な攻撃開始から三時間が経過した午後二時頃までには、武田の軍勢のほとんどが甚大な被害を受け兵力をすり減らしていた。それでも武田軍の一部は三重柵をすべて攻め破り、敵陣に切り込んだが、すでに多数の味方が死傷し無勢であったため、織田・徳川軍の兵卒に難なく斬り倒されたという。また徳川方の記録にも、武田軍は三重柵のうち二重柵までを突破したといい、遂に三重柵をも踏み破って徳川軍に襲いかかったもののすべて討ち取られたと記すものもある。

武田軍は、鉄炮や弓の攻撃を凌ぎながら敵陣に突入してこれを無力化し、さらに後方から続く軍勢が続々と乗り込みをかけて勝機を見いだすという作戦だったが、優勢な敵の火力を凌ぎつつ、敵陣を制圧出来るだけの兵力に欠けていた。長篠合戦の帰趨を決定づけたのは、両軍の火力量はもとより、兵力差にあったといえよう。

かくて午後二時頃、武田軍は総退却を始めたが、織田・徳川軍の追撃により壊滅的打撃を蒙った。勝頼は辛うじて戦場を脱出したが、踏みとどまった山県昌景《やまがたまさかげ》、内藤昌秀、馬場《ばば》信春《のぶはる》、真田信綱《さなだのぶつな》・昌輝《まさてる》兄弟など多数の重臣層が戦死した。

明暗の分水嶺とは何か

以上のように、武田勝頼の敗因、織田信長・徳川家康の勝因は、通説の如き旧戦法対新戦法、兵農未分離の軍隊対兵農分離の軍隊という両軍の質的差異、勝頼の無謀な突撃作戦などではなかったと推察される。両者の明暗を分けたのは、擁した火器と弾薬の数量差、そして兵力の差であり、それらはいずれも武田氏と織田・徳川両氏の擁する領国規模と、鉄炮と玉薬の輸入もしくは国産の実現可能な地域とアクセスしうる可能性の格差という理由に絞られるであろう。

確かに武田軍は、織田・徳川連合軍に対して寡兵であり、鉄炮や玉薬の用意でも劣っていた。だが寡兵で装備も劣っているにもかかわらず、合戦に大勝利をおさめたという事例は戦国期の日本戦史には少なくない。桶狭間合戦、厳島合戦、沖田畷《おきたなわて》合戦、耳川合戦などいくつも数え上げることが出来る。これらは、装備や軍勢において圧倒的であった敵軍を撃破し、あまつさえ敵将を討ち取るという大戦果を挙げて勝利をおさめたことで知られる。このうち、沖田畷合戦や耳川合戦は、ともに島津軍が不利をものともせずに敵軍を打ち破ったと、日本人ばかりかヨーロッパ人宣教師までもが記録している。このことは、寡兵で装備が劣る軍勢は敗北が運命づけられていたことを必ずしも意味しないことを教えている。

長篠合戦で武田勝頼と織田信長・徳川家康の勝敗を分けたものとは、双方主力の激突に際しての両軍の条件差にもとづくものであろう。それは決戦場となった有海原の地形、交通路はもとより、織田・徳川軍の馬防柵、「身隠し」、逆茂木という防御施設の構築、などの複合的要因を数え上げることが出来る。武田軍は不利な地形と防御施設が敷設された主戦場に自ら足を踏み入れたのである。

この諸条件に織田・徳川軍の三〇〇〇挺に及ぶ鉄炮と、それを運用し続けられるだけの玉薬の用意、また鉄炮衆を援護する多数の弓衆の柵内配備、さらに武田軍をはるかに上回る兵力の召集が加味されたわけである。

いっぽう武田勝頼は、信長が恐れていた地理的優位を捨て、逆に織田・徳川軍が優位に立てる決戦場に足を踏み入れた。寡兵であるばかりか、敵軍勢に対する歩兵・騎馬攻撃を擁護する鉄炮・弓ともに劣る条件下のもとで、である。この理由こそが長篠合戦最大の謎として残されているが、拙著『長篠合戦と武田勝頼』でも述べたように、今日伝わる合戦前夜の勝頼書状を見る限り、彼は自信に満ちあふれ、不安など微塵も窺われない。それは勢いに乗る武田軍の現状と、眼前にいる織田・徳川軍の実態に対する認識不足としかいいようがない。それは武田方の情報不足（索敵の錯誤）と推察される。もし信長の作戦で重視されるべきことがあるとすれば、鉄炮の大量装備や馬防柵ではなく、『信長記』に記述される如く、自軍の兵力を設楽郷の窪地に秘匿し、思いのほか寡兵であるように演出したことだろう。勝頼は後詰の織田軍が意外に寡兵であると誤認し、地理的優位を捨てて決戦場に進む決断をしたものと思われる。武田軍が出てこなければ、鉄炮や馬防柵も意味をなさないからである。

しかしそうした不利な条件が重なったにもかかわらず、武田軍の攻勢が早朝より午後二時までの長時間に及んでいたことや、三重の馬防柵をすべて打ち破った場所もあったこと（主力攻撃が実施された徳川軍陣前）、鉄炮の弾幕をかいくぐり生き残った武田軍将兵が、少数ながらも徳川軍の陣地に切り込んだとされること、最初の攻撃局面では武田軍が相手を押していた場面もあったと伝わることなどを勘案すれば、武田軍は、攻撃目標の徳川軍撃破を目指したが、それを援護する織田軍鉄炮・弓衆を沈黙させられず、もともと寡兵であったがゆえ組織的戦闘の継続が困難となり敗退したわけである。当時の武田氏にとって、織田・徳川軍に匹敵する軍勢召集は、領国規模からいって不可能であった。

だが酒井忠次らの別働隊により、背後を封じられていた以上、武田軍本隊は前面の徳川軍に攻撃を集中させ、ここを突破口に勝機を見いだすしか方法がなかった。また武田軍将卒らは、たとえ味方が不利であっても、戦場に踏みとどまることこそが戦功と名誉を獲得し、褒賞される大きな可能性が期待されると認識していた。そのような戦功や名誉意識が浸透していたことこそ、武田軍の損害を逆に大きくし、その戦闘継続能力を失うという皮肉な結果を招いたと考えられる。記録を探る限り、武田軍が総崩れになった合戦は、長篠合戦だけである。そして、総崩れになったが故に、武田軍は追撃戦を受け甚大な損害を受けたのだった。

そして武田勝頼の敗北は、その後の戦国史を大きく転換させる結果を、すなわち織田信長の強大化という潮流を不動のものとしたのであった。

あとがき

本書は、前著『長篠合戦と武田勝頼』（以下前著）と対になるもので、本来は前著第Ⅳ章「長篠合戦をめぐる諸問題」の一部を構成していたものだが、紙幅の関係で割愛したすべての原稿を再構成し、一書としたものである。前著と本書により、私の長篠合戦と武田勝頼像（但し長篠敗戦までの期間）の一通りを開陳しえたと考えている。

前著で掲載を断念せざるを得ず、とりわけ後ろ髪を引かれる思いであったのは、本書第Ⅰ章の「長篠合戦をめぐる史料」の部分である。本論で『甲陽軍鑑』『甫庵信長記』『当代記』などを多用していることに関し、私がなぜそのような立場を取るのか、史料の信頼性についてどう考えているのかを前著ではほとんど触れられなかったからである。同時代史料と突き合わせ、利用出来る記述を精査し、空白を埋めていく前著と本書の作業については、異論もあることだろう。しかし歴史学の成果は、すべて仮説である。その方法論が妥当か、それに基づき構成された議論が受容出来るかは、読者諸氏の検証に委ねられることとなる。それがそもそも学問の内的法則であり、運命なのだ。私は、前著と本書が叩き台となり、長篠合戦にとどまらず、地域社会論、国衆論や、戦国の軍事論、織田権力論、「兵農分離」論など幅広い諸問題の研究の隆盛に繋がることを切に望んでいる。

前著のあとがきでも述べたことだが、長篠合戦論は私にとってこれまで経験したことのない最も苦しい作業であった。数多くの課題が山積しており、それらをどう考えるのか、自分の学説を如何に対置するか、まさに苦悶という表現がぴったりなほど考えあぐねる日々が続いた。それは、先学の諸研究を継承しつつ史料と格闘し、諸課題をどう読み解くのかという自身の能力を試されているという緊張感と圧迫感に押しつぶされていたからである。前著と本書がどのように評価されるかは、江湖に委ねるしかないが、大方の批判は覚悟のうえであり、二書はともに私の自己韜晦なき現在の身の丈を示すものである。

ただ、前著と本書の執筆を通じて、今も根強い織田信長や徳川家康に対する過大評価は慎むべきだと痛感した。戦後歴史学は、歴史上の人物の業績を社会構造などから読み直すことを課題としてきたはずなのに、戦国・織豊期でいえば、織田信長、豊臣秀吉、徳川家康という個人の資質に、すべての現象を還元して議論する傾向から、なぜか今も抜け出せていない。たとえば織田権力と戦国大名を同列では論じることは出来ないとか、そもそも織田権力を「先進」とアプリオリに措定し、そこへの到達度で戦国大名の「発展」「後進」の度合いを論じることは本当に意味があることなのだろうか。前著と本書で力説したのは、織田氏も戦国大名であり、あらゆる面からみて武田・北条・上杉・今川氏などと同質の権力体だということだ。最終的に広大な領国を形成し「天下」を掌握したことだけを根拠に、だから戦国大名とは違うはずだ、はもう止めにしようではないか。

かつて兵農分離、石高制、鎖国は、中世と近世を明確に分かつ重要な指標とされた。このことに、中世史もほとんど異論を見いださず、また検討することもしなかったため、最近まで自明の前提であったように思う。しかし、研究の進展に伴い、「鎖国」の実態と概念規定に疑義が提出され、既往の「鎖国」論は崩れ去った。それだけではない。石高制も剰余労働収奪を目的とする生産高説は揺らいでおり、兵農分離論も戦国史研究の進展により多くの問題が指摘されている。そして石高制と兵農分離論を支える支柱こそ、安良城盛昭氏以来の太閤検地論に他ならない。だが、安良城説における中世社会像は、すでに過去のもので、同氏が批判した既往の中世史研究の成果はもはや前提とはなしえなくなっている。つまり、太閤検地論と石高制、兵農分離論は、あらゆる事象を洗い直し、再検証すべき段階に来ているといえるわけで、すべての予断を排し、丁寧な研究が求められていると思う。そこにこそ、戦国・織豊期から近世初期への社会の移行を、断絶ではなく連続と非連続で捉えていく豊かな視座を拓く可能性が秘められている。その動きは、一九九〇～二〇〇〇年代に、中世村落史を軸にした在地社会論が切り開いたが、まだ権力論を含めた多くの立場から進められる必要があろう。軍事史や人物史などをも含む幅広い政治史なども、重要な分野である。一部は戦前で研究の水準が停止しているところもあり、今こそ読み直しが必要である。私もそこに向けて、勉強を継続していきたい。

また前著と本書を準備する過程で、戦国史研究には実は合戦論が欠落していることに今更ながら思い知らされた。個々の合戦はもちろん、戦国合戦の実態を実証的に深く追究することはほとんどなされていない。これは同時に、戦国大名研究で軍隊論が近年までほぼ欠落していたことと無関係ではないだろう。戦後歴史学は、合戦や軍隊研究に距離をおきつづけていたように思われ、その実態を明らかにする姿勢が顕著にみられなかった。しかし、中世後期の社会は、まさに合戦に明け暮れた時代であり、だから戦国時代なのだ。その時代の研究に、合戦と軍隊研究が抜け落ちていたことは不思議としかいいようがない。今後、そうした研究が本格化することを切望する。

前著と本書の執筆にあたり数多くの方々や機関のお世話になった。この場をお借りして感謝したい。とりわけ、調査報告書をご恵贈いただいたばかりでなく、未発表の研究成果を提供してくださった平尾良光氏、写真や図版提供にご面倒をおかけした湯浅大司氏、髙田徹氏には深謝申し上げる。また私のわがままを黙って聞いてくださった吉川弘文館編集部にお礼を申し上げ擱筆する。

なお本書は、二〇一三年度東京大学史料編纂所共同拠点・共同研究複合史料領域「関連史料の収集による長篠合戦の立体的復元」における成果の一部である。

二〇一四年三月朔日　豪雪が未だ消えぬ甲州にて

平　山　　優

参考文献

著書

宇田川武久編『鉄砲伝来の日本史―火縄銃からライフル銃まで―』吉川弘文館、二〇〇七年
小和田哲男監修・小林芳春編『徹底検証長篠・設楽原の戦い』吉川弘文館、二〇〇三年
桐野作人『火縄銃・大筒・騎馬・鉄甲船の威力』新人物往来社、二〇一〇年
近藤好和『騎兵と歩兵の中世史』吉川弘文館、二〇〇五年
柴辻俊六編『戦国大名武田氏の役と家臣』岩田書院、二〇一一年
鈴木眞哉『鉄砲と日本人』洋泉社、一九九七年（後にちくま学芸文庫として復刊、二〇〇〇年）
鈴木眞哉『鉄砲隊と騎馬軍団―真説・長篠合戦―』洋泉社新書y、二〇〇三年
鈴木眞哉『戦国軍事史への挑戦―疑問だらけの戦国合戦像―』洋泉社歴史新書y、二〇一〇年
鈴木眞哉『戦国「常識・非常識」大論争！―旧説・奇説を信じる方々への最後通牒―』洋泉社歴史新書y、二〇一一年
太向義明『長篠の合戦』山梨日日新聞社、一九九六年
高柳光壽『長篠之戦』春秋社、一九六〇年
谷口克広編『織田信長家臣人名辞典』第二版、吉川弘文館、二〇一〇年
谷口克広『信長の天下布武への道』戦争の日本史一三、吉川弘文館、二〇〇六年

谷口克広『信長と家康―清須同盟の実体―』学研新書、二〇一二年
名和弓雄『長篠・設楽原合戦の真実』雄山閣出版、一九九八年
西股総生『戦国の軍隊』学研パブリッシング、二〇一二年
平山優、丸島和洋編『戦国大名武田氏の権力と支配』岩田書院、二〇〇八年
平山優『長篠合戦と武田勝頼』敗者の日本史9、吉川弘文館、二〇一四年
藤本正行『信長の戦国軍事学』JICC出版局、一九九三年
藤本正行『長篠の戦い―信長の勝因・勝頼の敗因―』洋泉社歴史新書y、二〇一〇年
堀新編『信長公記を読む』吉川弘文館、二〇〇九年

調査報告書

『長峰砦跡』山梨県埋蔵文化財センター調査報告書一六八集、二〇〇〇年
『長篠城址試掘調査報告書　第一次―第四次試掘調査』鳳来町教育委員会、二〇〇四年
『史跡長篠城跡Ⅲ』鳳来町教育委員会、二〇〇四年
『史跡長篠城跡Ⅳ』鳳来町教育委員会、二〇〇五年
『史跡長篠城跡Ⅴ』新城市教育委員会、二〇〇六年
『史跡長篠城跡Ⅵ』新城市教育委員会、二〇〇七年
『史跡・武田氏館跡Ⅶ』甲府市教育委員会、二〇〇〇年
『鉛同位体比法を用いた東アジア世界における金属の流通に関する歴史的分析』研究代表平尾良光、二一

○一二年、科学研究費補助金新学術領域研究

論　文

荒垣恒明「『加勢』としての鉄砲」（『戦国史研究』三八号、一九九九年）
今泉正治、小林芳春「検証『設楽原の戦い』その1」（『設楽原歴史資料館研究紀要』創刊号、一九九七年）
黒田日出男「『甲陽軍鑑』をめぐる研究史—『甲陽軍鑑』の史料論（1）—」（『立正大学文学部論叢』一二四号、二〇〇六年）
黒田日出男「桶狭間の戦いと『甲陽軍鑑』—『甲陽軍鑑』の史料論（2）—」（『立正史学』一〇〇号、二〇〇六年）
黒田日出男「戦国合戦の時間・序—『甲陽軍鑑』の史料論（3）—」（佐藤和彦編『中世の内乱と社会』東京堂出版、二〇〇七年）
黒田日出男「『甲陽軍鑑』の古文書学—『甲陽軍鑑』の史料論（4）—」（『武田氏研究』三八号、二〇〇八年）
黒田日出男「戦国の使者と『甲陽軍鑑』（上）—『甲陽軍鑑』の史料論（5）—」（『立正大学文学部研究紀要』二四号、二〇〇八年）
後藤晃一「鉛の流通と宣教師」（平尾研究代表、二〇一二年所収）
小林芳春「古戦場から出土した火縄銃の玉　その2—その後の出土と鉛の原産地—」（『新城市設楽原歴

史資料館・長篠城址史跡保存館研究紀要』一六号、二〇一二年）
柴裕之「戦国大名武田氏の奥三河経略と奥平氏」（『武田氏研究』三五号、二〇〇六年）
柴裕之「戦国大名武田氏の遠江・三河侵攻再考」（『武田氏研究』三七号、二〇〇七年）
柴裕之「長篠合戦再考」（『織豊期研究』一二号、二〇一〇年）
太向義明「武田〝騎馬隊〟像の形成史を遡る」（『武田氏研究』二一号、一九九九年）
鳥居和郎「桜井武兵衛覚書について―内容とその成立背景の検討―」（『神奈川県立博物館研究報告―人文科学―』第三二号、二〇〇六年）
長屋隆幸「『戦功書上』の成立について」（『織豊期研究』一一号、二〇〇九年）
館山市立博物館「収蔵資料紹介　里見吉政の覚書」（『館山市立博物館報　ミュージアム発見伝』六六号、二〇〇〇年）
平尾良光、西田京平「設楽原・長篠城跡から出土した鉄炮玉の鉛同位体比―設楽原を守る会への報告―」（別府大学大学院文学研究科、二〇一一年、学会誌未発表）
平尾良光「戦国時代の鉄炮玉が語る東南アジア交易」（平尾研究代表、二〇一二年所収）
平尾良光、西田京平「一〇～一七世紀における日本の各種資料の鉛同位体比」（同前）
平尾良光「中世における鉛の生産・流通・消費―自然科学的な見地から―」（第一一回考古学と中世史シンポジウム『金属の中世―資源と流通―』考古学と中世史研究会、二〇一三年）
湯浅大司「火縄銃―口径と玉の関係について―」（『設楽原歴史資料館研究紀要』六号、二〇〇一年）
魯禔玹「鉛同位体比を用いた産地推定の基礎」（平尾研究代表、二〇一二年所収）

著者略歴

一九六四年、東京都に生まれる
一九八九年、立教大学大学院文学研究科博士前期課程修了
現在、山梨県立中央高等学校教諭

主要著書・論文

『戦国大名領国の基礎構造』（校倉書房、一九九九年）
『武田信玄』（吉川弘文館、二〇〇六年）
『天正壬午の乱』（学研パブリッシング、二〇一一年）
『武田遺領をめぐる動乱と秀吉の野望』（戎光祥出版、二〇一一年）
『長篠合戦と武田勝頼』（吉川弘文館、二〇一四年）
「戦国期東海地方における貫高制の形成過程―今川・武田・徳川氏を事例として―（上・下）」（『武田氏研究』三七・八号、二〇〇七・八年）

歴史文化ライブラリー
382

検証 長篠合戦

二〇一四年（平成二十六）八月一日 第一刷発行
二〇二二年（令和四）三月二十日 第四刷発行

著者 平《ひら》山《やま》優《ゆう》
発行者 吉川道郎
発行所 株式会社 吉川弘文館
東京都文京区本郷七丁目二番八号
郵便番号一一三―〇〇三三
電話〇三―三八一三―九一五一〈代表〉
振替口座〇〇一〇〇―五―二四四
http://www.yoshikawa-k.co.jp/
印刷＝株式会社 平文社
製本＝ナショナル製本協同組合
装幀＝清水良洋・李 生美

ISBN978-4-642-05782-0

歴史文化ライブラリー

1996.10

刊行のことば

現今の日本および国際社会は、さまざまな面で大変動の時代を迎えておりますが、近づきつつある二十一世紀は人類史の到達点として、物質的な繁栄のみならず文化や自然・社会環境を謳歌できる平和な社会でなければなりません。しかしながら高度成長・技術革新にともなう急激な変貌は「自己本位な刹那主義」の風潮を生みだし、先人が築いてきた歴史や文化に学ぶ余裕もなく、いまだ明るい人類の将来が展望できていないようにも見えます。このような状況を踏まえ、よりよい二十一世紀社会を築くために、人類誕生から現在に至る「人類の遺産・教訓」としてのあらゆる分野の歴史と文化を「歴史文化ライブラリー」として刊行することといたしました。

小社は、安政四年（一八五七）の創業以来、一貫して歴史学を中心とした専門出版社として書籍を刊行しつづけてまいりました。その経験を生かし、学問成果にもとづいた本叢書を刊行し社会的要請に応えて行きたいと考えております。

現代は、マスメディアが発達した高度情報化社会といわれますが、私どもはあくまでも活字を主体とした出版こそ、ものの本質を考える基礎と信じ、本叢書をとおして社会に訴えてまいりたいと思います。これから生まれでる一冊一冊が、それぞれの読者を知的冒険の旅へと誘い、希望に満ちた人類の未来を構築する糧となれば幸いです。

吉川弘文館